일러스트레이터
기초강의 기호와 패턴

DAWON PUBLISHING

이 책을 내면서

어도비 일러스트레이터 CS는
많은 디자이너와 아티스트뿐 아니라
교육용으로 사용하는 벡터 그래픽 프로그램으로 스케치를
구체화해서 고급화 시킬 수 있는 활용도 높은 프로그램입니다.
익숙하게 다룰 수 있다면 개인의 능력 가치를 빠르게 올릴 수 있는 프로그램입니다.

[일러스트레이터 기초강의-기호와 패턴]을 통해
어도비 일러스트레이터를 잘 사용하기 위해서는
각 툴과 메뉴의 기능을 정확히 이해하고 많은 연습이 필요합니다.

본 교재는 어도비 일러스트레이터 CS를 처음 이용하시거나 익숙하지 않으신 분들이
일러스트레이터의 장점인 패턴 만들기를 쉽고 재미있게 배우면서
실무를 익힐 수 있도록 니팅 도안을 이용하였습니다.

니팅 기호를 그리면서
각 툴과 메뉴의 기능을 정확히 이해하여 최대한 쉽게 익힐 수 있도록 구성하였습니다.

본 교재를 익숙하게 활용하면 나만의 니팅 도안을 직접 개발하고
도안의 데이터화 하려는 수요에 필요한 역할을 할 수 있습니다.

이 책을 통해 어도비 일러스트레이터 CS의 툴과 메뉴를 내 손처럼 자유롭게 움직일 수 있도록
트레이닝 해서 멋진 니팅 도안을 그리고 일러스트레이터를 이용한 도안 그리기를
원할 하게 할 수 있으시길 바랍니다.

저자 공다예

* 본 교재는 대학교 및 교육기관에서의 그래픽과 니팅 교육 경험을 바탕으로 기획되었습니다.

1
대바늘 니팅
기본 기호 그리기　　8

겉뜨기	10
안뜨기	11
바늘비우기	12
돌려뜨기	13
오른코 겹치기	16
왼코 겹치기	18
왼코 중심 3코 모아뜨기	19
오른코 중심 3코 모아뜨기	20
오른코 늘리기	21
왼코 늘리기	23
중심 3코 모아뜨기	24
걸러뜨기	26
3코 만들기	28
걸쳐뜨기	30
끌어올리기	32
왼코 교차하기	34
오른코 교차하기	37
왼코 속 교차뜨기	38
오른코 속 교차뜨기	41
감아코 만들기	42
꼬아올리기	45

2
코바늘 니팅
기본 기호 그리기　　48

사슬뜨기	50
빼뜨기	51
짧은뜨기	52
짧은뜨기 2코 넣어뜨기	54
짧은뜨기 2코 모아뜨기	57
긴뜨기	58
한길긴뜨기	60
두길긴뜨기	62
긴뜨기 2코 넣어뜨기	64
한길긴뜨기 2코 넣어뜨기	66
한길긴뜨기 2코 모아뜨기	68
한길긴뜨기 3코 넣어뜨기	71
한길긴뜨기 3코 모아뜨기	74
한길긴뜨기 5코 모아뜨기	76
긴뜨기 3코 변형 구슬뜨기	78
한길긴뜨기 3코 구슬뜨기	81
한길긴뜨기 5콘 팝콘뜨기	84
사슬 3코 피코 빼뜨기	88
짧은뜨기 뒤걸어뜨기	92
짧은뜨기 앞걸어뜨기	96
한길긴뜨기 뒤걸어뜨기	98
한길긴뜨기 앞걸어뜨기	103
칠보뜨기	104
매직 고리	108

Adobe Illustrator Interface Preview

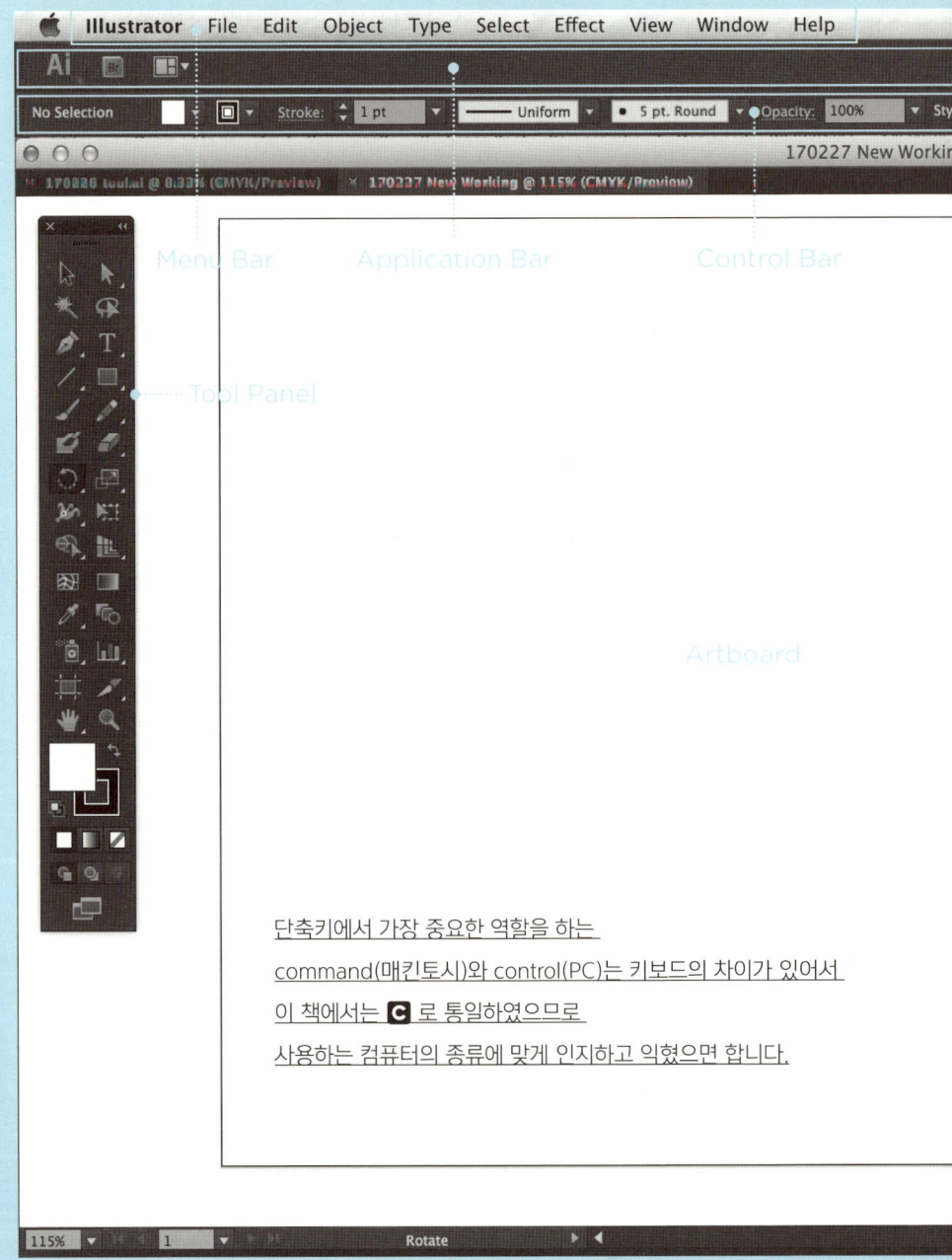

단축키에서 가장 중요한 역할을 하는
command(매킨토시)와 control(PC)는 키보드의 차이가 있어서
이 책에서는 **C** 로 통일하였으므로
사용하는 컴퓨터의 종류에 맞게 인지하고 익혔으면 합니다.

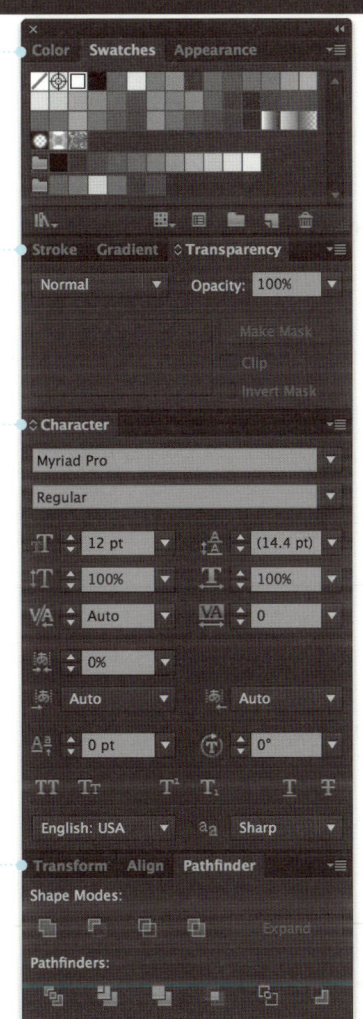

- Color Panel
- Swatches Panel
- Appearance Panel

- Stroke Panel
- Gradient Panel
- Transparency Panel

- Character(Ctrl+T) Panel

- Transform Panel
- Align Panel
- Pathfinder Panel

Tools

**툴패널의
명칭 /
기능 /
단축키**

전체선택툴	전체 오브젝트 선택하기	V
매직툴	동일 색상, 라인, 라인 굵기, 불투명도 등 전체 선택하기	Y
펜툴	Point 만들기	P
라인툴	Line 만들기	\
그림붓툴	붓으로 그리기(선)	B
그림붓툴	붓으로 그리기(면)	⇧B
회전툴	오브젝트 회전하기	R
반사툴	오브젝트 반사하기	O
라인변형툴	라인에서 변형하기	⇧W
쉐이프 빌더툴	겹쳐있는 오브젝트들을 분리하기	⇧M
메쉬툴	부분적인 그라디언트 효과 주기	U
아이드로퍼툴	동일 색상으로 바꿔주기 (Text의 경우 색상, 자형, 크기까지 동일하게 바꾸어 줌)	I
스프레이 심벌툴	스프레이처럼 심벌 뿌리기	⇧S
아트보드툴	아트보드 만들기, 없애기	⇧O
핸드툴	화면 옮기기	H
기본컬러설정툴	기본컬러 설정상태로 만들기	D
컬러툴	컬러 지정하기	<
그라디언트툴	그라디언트 컬러 지정하기	>
컬러없음툴	컬러없음 지정하기	/

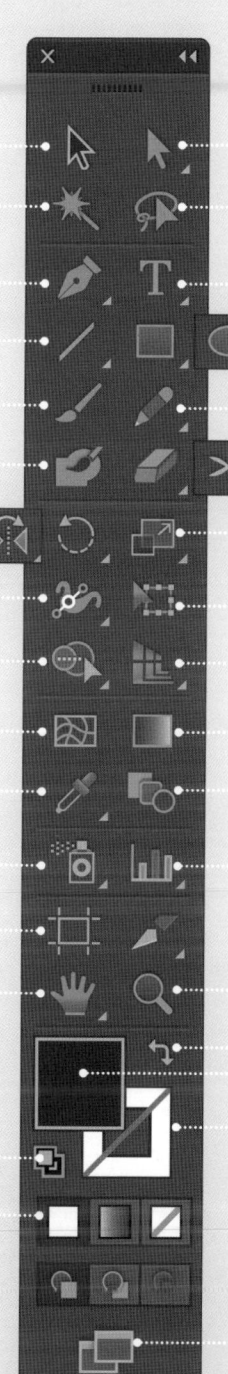

단축키	툴 이름	설명
A	부분선택툴	오브젝트의 부분 선택하기 (Point, Stroke, Fill)
Q	올가미툴	올가미 모양처럼 그린 부분 선택하기 (Point, Stroke, Fill)
T	타입툴	Text 만들기
M	사각형툴	도형 만들기
L	원형툴	(사각형, 둥근사각형, 원, 다각형, 별 등)
N	연필툴	연필로 그리기(자유라인)
⇧E	지우개툴	지우개로 오브젝트의 부분 지우기
C	가위툴	가위로 오브젝트의 외곽부분 자르기
S	스케일툴	오브젝트의 크기 확대, 축소하기
E	자유변형툴	오브젝트의 변형, 원근, 투시 만들기
⇧P	퍼스펙티브 그리드툴	오브젝트에 원근감, 입체감 주기
G	그라디언트툴	오브젝트의 그라디언트 효과 주기
W	블렌드툴	두 개 또는 그 이상의 오브젝트를 이어주기
J	그래프툴	그래프 만들기
Z	돋보기툴	화면의 확대 축소 보기
⇧X	Fill과 Stroke 컬러변환툴	오브젝트 Fill과 Stroke의 컬러바꾸기
X	Fill과 Stroke 선택툴	오브젝트의 Fill과 Stroke 선택하기
F	스크린 모드 선택툴	스크린 모드 바꾸기

1

**대바늘 니팅
기본 기호 그리기**

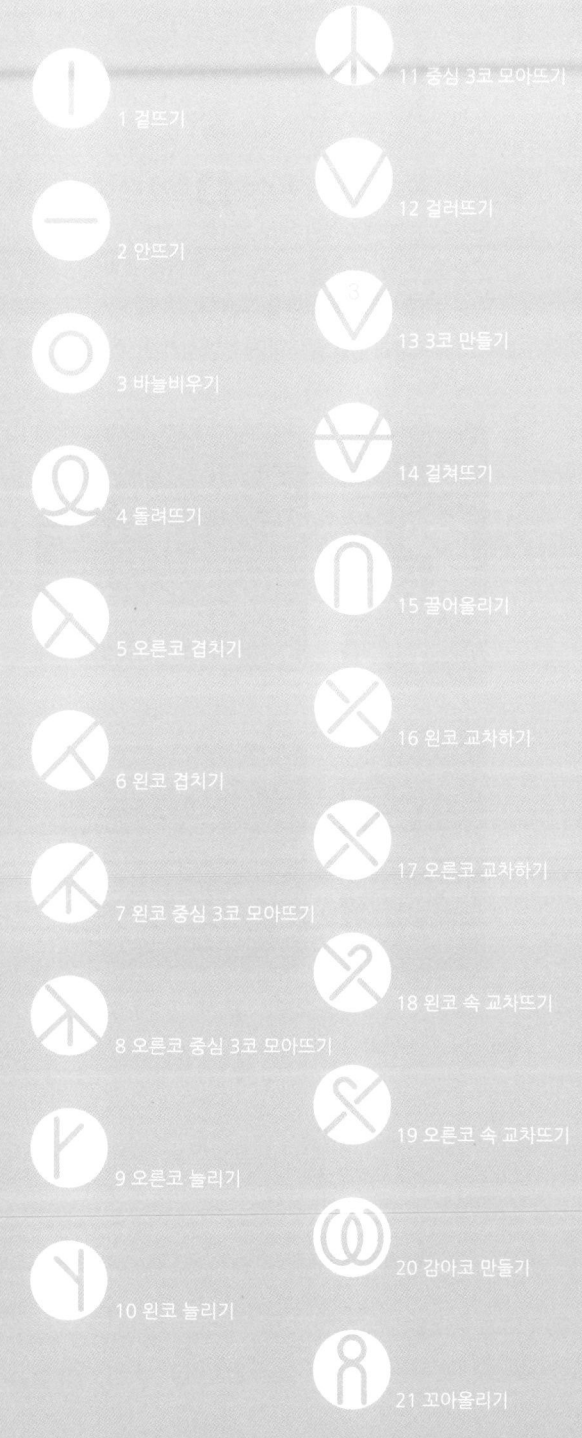

STEP
1

겉뜨기

① 도구 상자의 Stork 도구(X)를 ☐ 컬러 K100으로 지정 후,
윈도우 > 선 패널에서 두께 3pt를 입력한다.
② 선분 도구(₩)를 ✎ 선택한 후, 화면을 클릭하여 옵션 창에서 길이 12mm,
각도 90을 입력 후 확인을 누른다.
③ Ctrl + 바탕화면을 클릭하여 선택해지 한 후, '겉뜨기'를 완성한다.

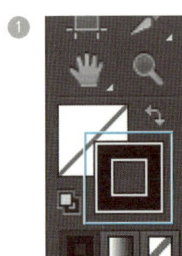 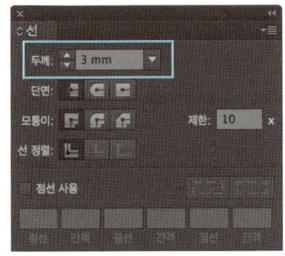

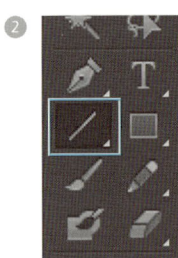 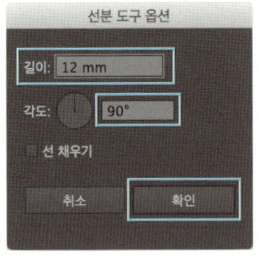

③ Ctrl + 바탕화면 클릭 >

STEP
2

안뜨기

④ 선택 도구(V)로 ▶ 오브젝트를 선택 후 Alt를 누르고 Drag하여 복사 후,
⑤ 바운딩 박스의 조절 점을 Shift를 누르고 Drag하여 90도 회전한다.
⑥ Ctrl + 바탕화면을 클릭하여 선택해지 한 후, '안뜨기'를 완성한다.

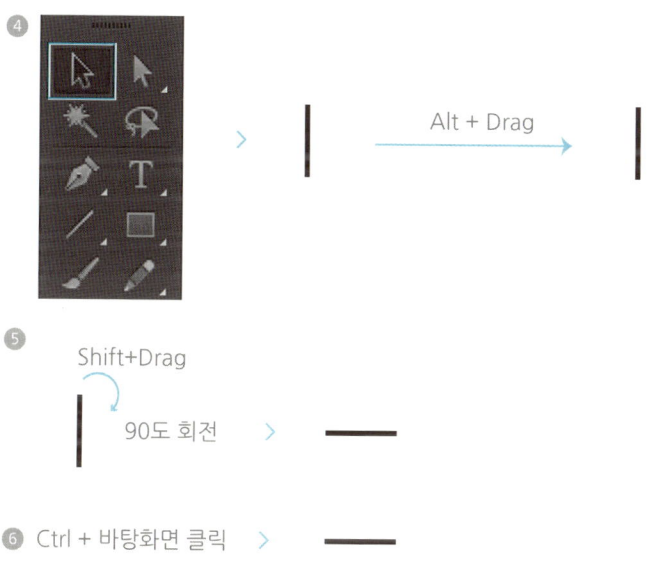

⑤ Shift+Drag
90도 회전

⑥ Ctrl + 바탕화면 클릭

STEP 3 바늘비우기

① 도구 상자의 Stork 도구(X)를 ▢ 컬러 K100으로 지정 후,
   윈도우 > 선 패널에서 두께 3pt를 입력한다.
② 도형 두구에서 원형 도구(L)를 ◯ 선택한다.
③ 바탕화면을 클릭 후, Alt와 Shift를 누르고 바깥으로 Drag한다.
④ Ctrl + 바탕화면을 클릭하여 선택해지 한 후, '바늘비우기'를 완성한다.

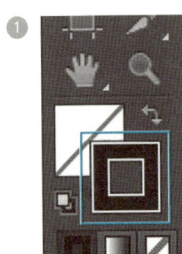

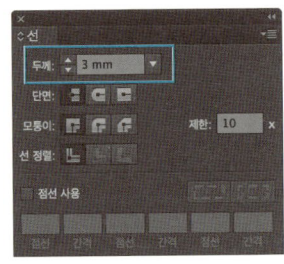

③ Click + Alt + Shift + Drag

④ Ctrl + 바탕화면 클릭 > ◯

STEP 4

 돌려뜨기

① 도구 상자의 Stork 도구(X)를 ▢ 컬러 K100으로 지정 후,
윈도우 > 선 패널에서 두께 3pt를 입력한다.
② 도구 상자의 원형도구(L)를 ◯ 선택하고 화면을 클릭하여
옵션 창에서 너비 20mm, 높이 27mm 를 입력 후 확인을 누른다.
③ 회전 도구(R)를 ◯ 더블 클릭하여 옵션창에서 각도 37을 입력 후 확인을 누른다.

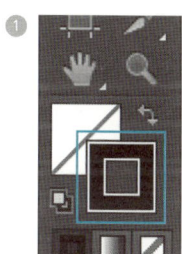 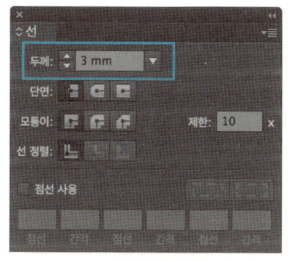

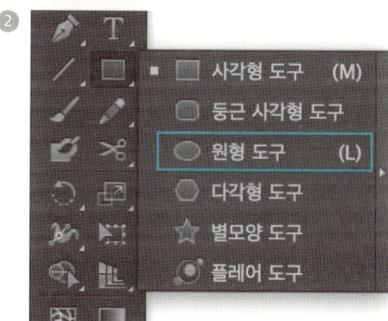 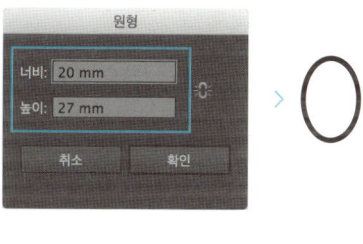

 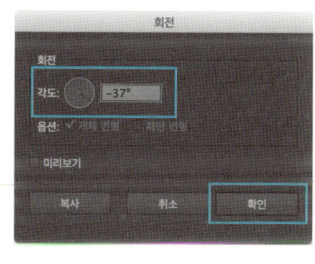

13

STEP
4-1

 돌려뜨기

④ 선택 도구(V)로  오브젝트를 선택한 후,
⑤ 반사 도구(O)를 더블클릭하여 옵션 창에서 세로축을 선택하고 복사를 누른다.
⑥ 선택 도구(V)로 블루 박스의 오브젝트를 선택하고 화살표 방향으로 이동한다.

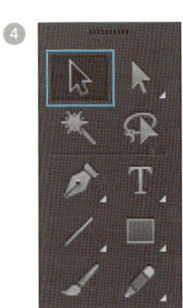

 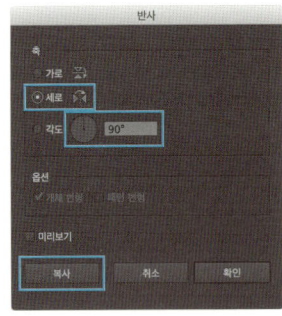 

STEP
4-2

 돌려뜨기

⑦ 선택 도구(V)로  오브젝트 모두 선택하고
  윈도우 > 패스파인더 > 나누기 를 한 후,
⑧ 직접 선택 도구(A)로 블루박스 선을 선택해서 Delete를 눌러서
  삭제한다.
⑨ Ctrl + 바탕화면을 클릭하여 선택해지 한 후, '돌려뜨기'를 완성한다.

⑦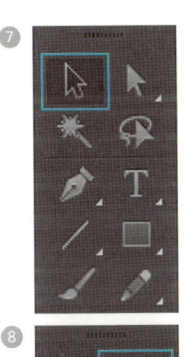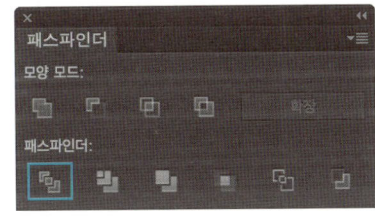

⑧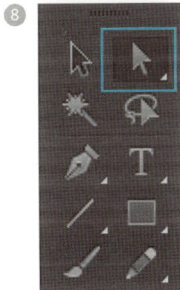

⑨ Ctrl + 바탕화면 클릭 >

STEP
5

오른코 겹치기

① 도구 상자의 Stork 도구(X)를 ☐ 컬러 K100으로 지정 후,
윈도우 > 선 패널에서 두께 3pt를 입력한다.
② 선분 도구(₩)를 ╱ 선택 후 화면을 클릭하여 Shift를 누르고 Drag해서
45도 기울기의 직선을 그린다.
③ 선택 도구(V)로 ▶ 오브젝트를 선택 후, 반사 도구(O)를 ▨ 더블클릭한다.

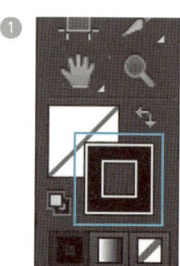
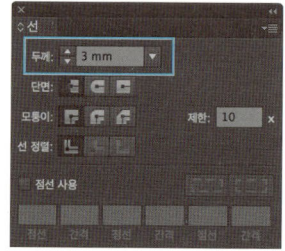

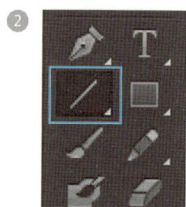
Click
Shift + Drag

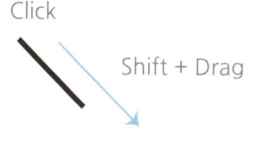

STEP
5-1

오른코 겹치기

④ 옵션 창이 열리면 세로축을 선택하고 복사를 누른다.
⑤ 직접 선택 도구(A)로 블루 박스 포인터를 선택 후, Shift 를 누르면서 포인터를 중심으로 이동한다.
⑥ 도구 상자의 선택도구(V)로 오브젝트를 선택한 후,
오브젝트 > Group (Ctrl + G)한다.
⑦ Ctrl + 바탕화면을 클릭하여 선택해지 한 후, '오른코 겹치기'를 완성한다.

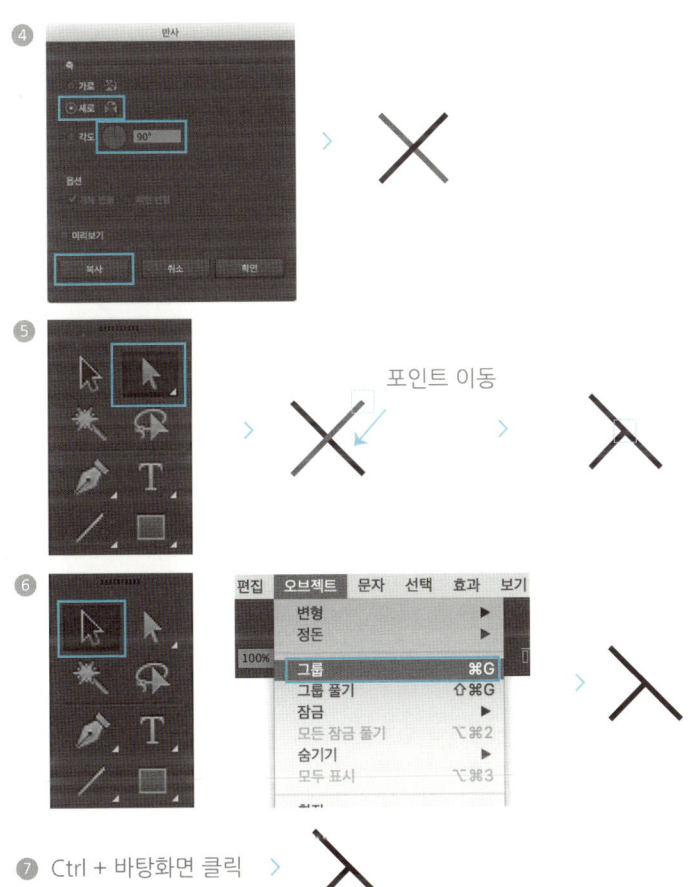

⑦ Ctrl + 바탕화면 클릭

17

STEP 6

왼코 겹치기

⑧ 선택 도구(V)로 ![] 오브젝트를 선택한 후, Alt와 Shift를 누르고 Drag하여 복사한다.
⑨ 반사 도구(O)를 ![] 더블클릭하여 옵션 창에서 세로축을 선택하고 확인을 누른다.
⑩ Ctrl + 바탕화면을 클릭하여 선택해지 한 후, '왼코 겹치기'를 완성한다.

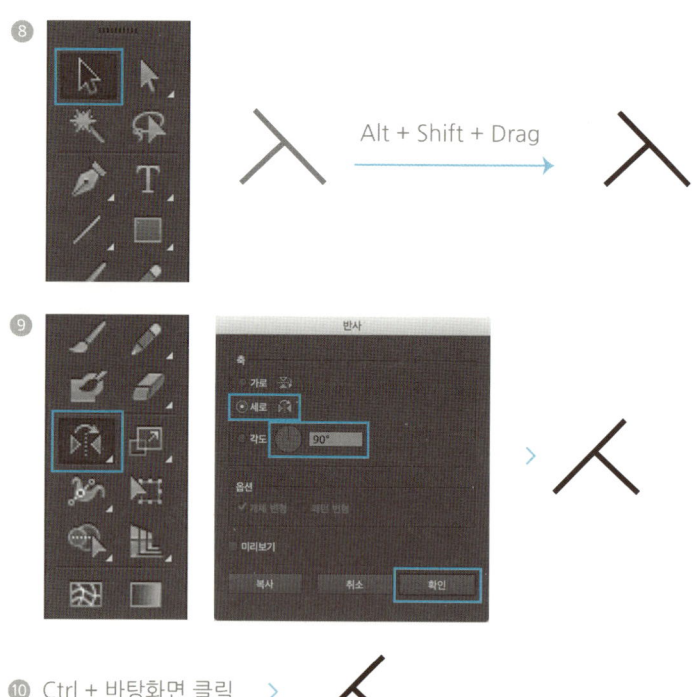

⑩ Ctrl + 바탕화면 클릭

STEP
7

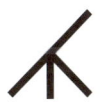

왼코 중심 3코 모아뜨기

⑪ 선택 도구(V)로 오브젝트를 선택 후 Alt와 Shift를 누르고 Drag하여 화살표 방향으로 복사한다.

⑫ 선분 도구(₩)를 선택한 후, 블루 박스 부분을 클릭하여 Shift를 누르고 Drag하여 화살표 방향으로 직선을 그린다.

⑬ 선택 도구(V)로 오브젝트를 모두 선택한 후, 오브젝트 > Group (Ctrl + G)하고 '왼코 중심 3코 모아뜨기'를 완성한다.

⑪

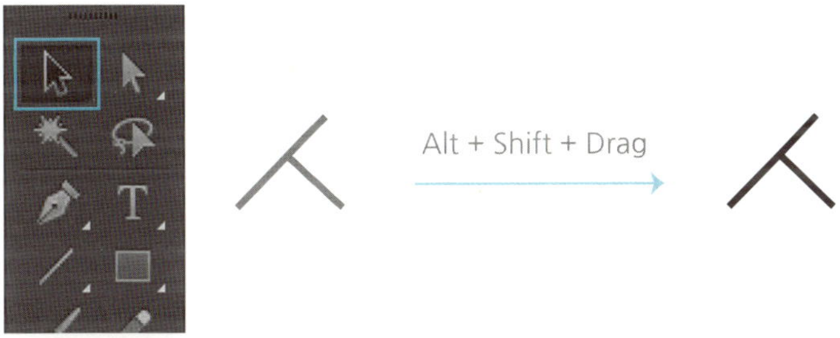

⑫

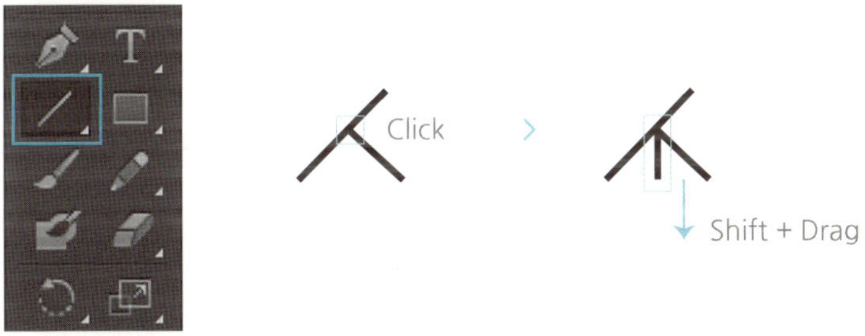

⑬

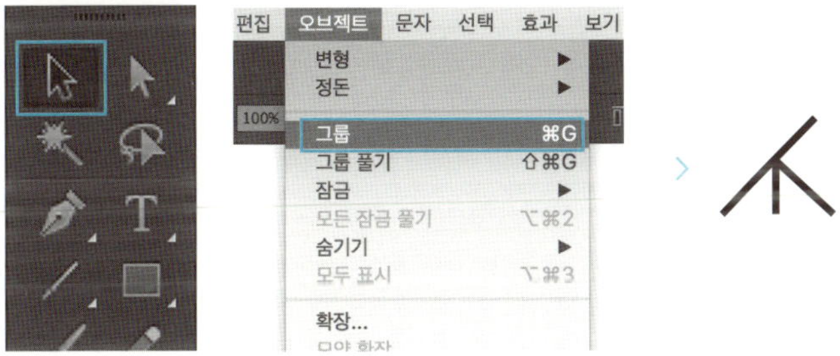

S T E P
8

 오른코 중심 3코 모아뜨기

⑭ 선택 도구(V)로 '왼코 중심 3코 모아뜨기'를 선택하고,
Alt와 Shift를 누르고 Drag 하여 복사한다.
⑮ 반사 도구(O)를 더블클릭하여 옵션 창이 열리면 세로축을 선택하고 확인을 누른다.
⑯ Ctrl + 바탕화면을 클릭하여 선택해지 한 후, '오른코 중심 3코 모아뜨기'를 완성한다.

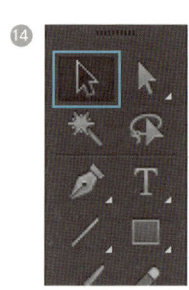

 Alt + Shift + Drag

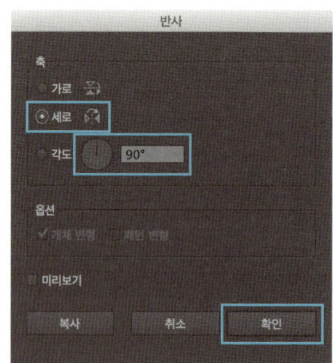

⑯ Ctrl + 바탕화면 클릭

STEP
9

오른코 늘리기

① 도구 상자의 선분 도구(X)를 ☐ 컬러 K100으로 지정 후,
윈도우 > 선 패널에서 두께 3pt를 입력한다.
② 펜 도구(P)를 ✒ 선택 후 화면을 클릭하여 포인트를 찍고,
Shift를 누르고 세로 방향으로 포인터를 하나 더 찍어 직선을 만들고,
③ Ctrl + 바탕화면을 클릭하여 선택해지 한 후, 화면을 클릭하여 포인터를 찍고,
Shift를 누르고 45도 위 방향으로 포인트를 하나 더 찍는다.

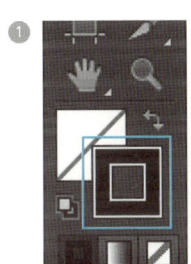

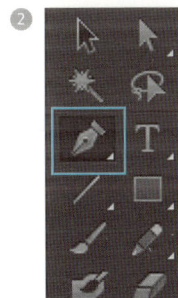

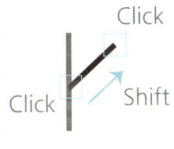

21

S T E P
9-1 오른코 늘리기

④ 도구 상자의 선택 도구(V)로 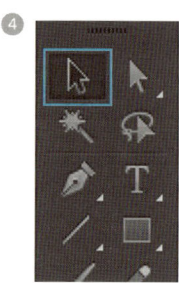 오브젝트 모두 선택 후,
오브젝트 > Group (Ctrl + G)하고 '오른코 늘리기' 를 완성한다.

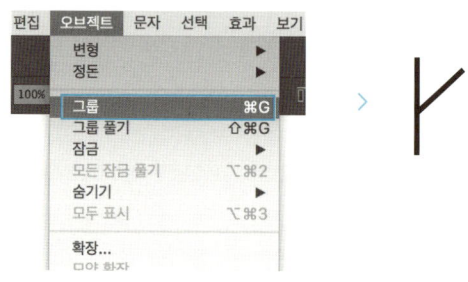

STEP
10

윈코 늘리기

⑤ 선택 도구(V)로 오브젝트를 선택한 후, Alt와 Shift를 누르고 Drag하여 복사한다.
⑥ 반사 도구(O)를 더블클릭하여 옵션 창이 열리면 세로축을 선택하고 확인을 누른다.
⑦ Ctrl + 바탕화면을 클릭하여 선택해지 한 후, '윈코 늘리기'를 완성한다.

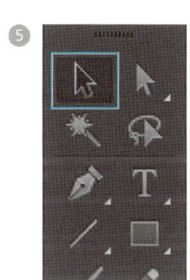

Alt + Shift + Drag

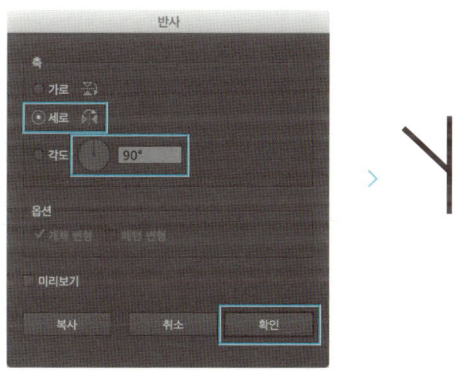

⑦ Ctrl + 바탕화면 클릭

STEP 11

중심3코 모아뜨기

1. 도구 상자의 선분 도구(X)를  컬러 K100으로 지정 후, 윈도우 〉 선 패널에서 두께 3pt를 입력한다.
2. 펜 도구(P)른 선택 후 하며윽 큭릭하여 포이트를 찍고, Shift를 누르고 세로 방향으로 포인터를 하나 더 찍어 직선을 만든다.
3. Ctrl + 바탕화면을 클릭하여 선택해지 한 후,
4. 바탕 화면을 클릭하여 포인터를 찍고, Shift를 누르고 45도 위 방향으로 포인트를 하나 더 찍는다.

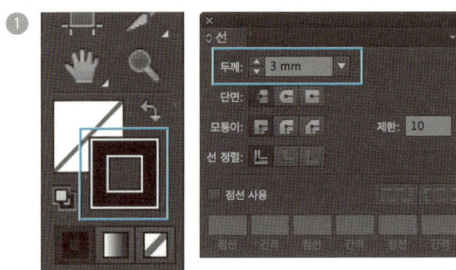

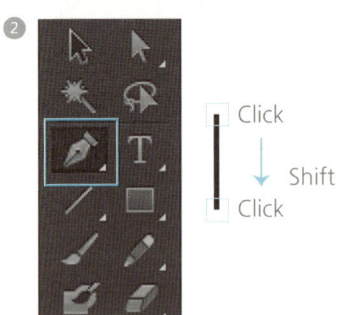

3. Ctrl + 바탕화면 클릭

4. Shift / Click / Click

24

STEP
11-1

 중심3코 모아뜨기

❺ Shift를 누르고 45도 우측 아래 방향으로 포인트를 하나 더 찍어 준다.
❻ 선택 도구(V)로  오브젝트 모두 선택 후, 오브젝트 > Group (Ctrl + G)한다.
❼ Ctrl + 바탕화면을 클릭하여 선택해지 한 후, '중심 3코 모아뜨기' 를 완성한다.

❺

Shift
Click

❻
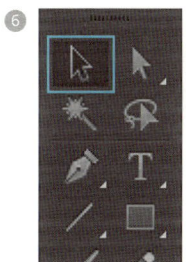 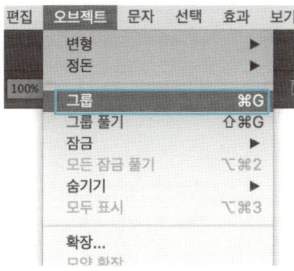 

❼ Ctrl + 바탕화면 클릭 >

25

STEP 12

걸러뜨기

① 도구 상자의 Stork 도구(X)를 ▢ 컬러 K100으로 지정 후,
윈도우 > 선 패널에서 두께 3pt를 입력한다.
② 도형 도구에서 다각형 도구를 ⬢ 선택하고 화면을 클릭하여
옵션 창에서 반경 12mm, 면(선분 개수) 3을 입력 후 확인을 누른다.
③ 반사 도구(O)를 🪞 더블클릭 후 옵션 창이 열리면 가로축을 선택하고 확인을 누른다.

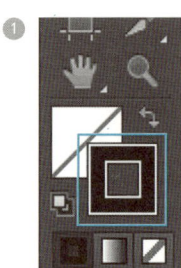 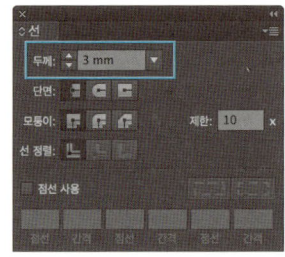

 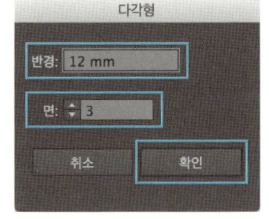 

 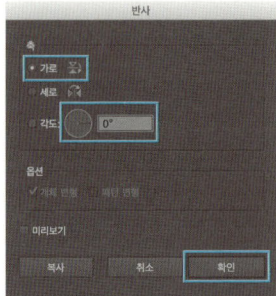 

STEP
12-1    걸러뜨기

④ 직접 선택 도구(A)로 ▸ 블루 박스의 선을 Delete를 눌러 삭제한다.
⑤ Ctrl + 바탕화면을 클릭하여 선택해지 한 후, '걸러뜨기'를 완성한다.

STEP
13

3코 만들기

⑥ 선택 도구(V)로 걸러뜨기를 선택 후 Alt를 누르고 Drag하여 복사한다.
⑦ 문자 도구(T)를 선택 후, 바탕 화면을 클릭해서 숫자 3을 입력한다.
⑧ 선택 도구(V)로 블루 박스의 숫자 3 오브젝트를 선택하고 오른쪽 마우스를 눌러서 윤곽선 만들기를 한다.

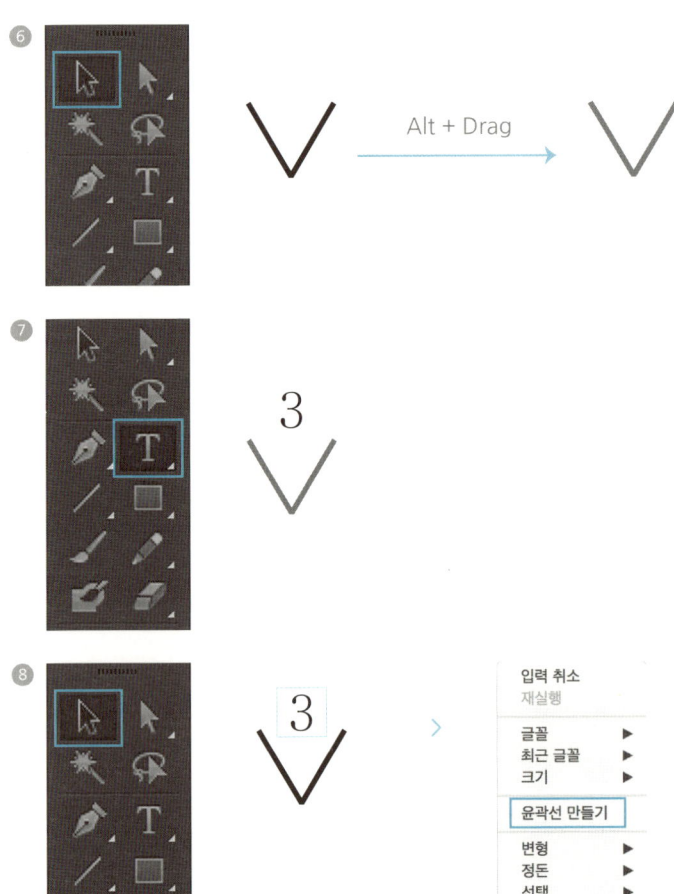

STEP 13-1

3코 만들기

- ⑨ 선택 도구(V)로 ▶ 오브젝트 모두 선택 후, 윈도우 > 정렬 패널에서 [가로 가운데 정렬]을 눌러서 중심을 맞추고 [세로 위 정렬]을 눌러서 위로 맞춘다.
- ⑩ 선택 도구(V)로 ▶ 오브젝트 모두 선택 후, 오브젝트 > Group (Ctrl + G)한다.
- ⑪ Ctrl + 바탕화면을 클릭하여 선택해지 한 후, '3코 만들기'를 완성한다.

⑨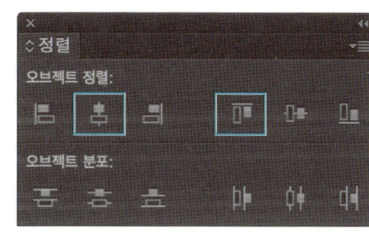

⑩ 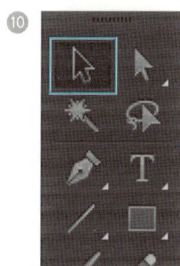  >

⑭ Ctrl + 바탕화면 클릭 >

29

STEP
14  걸쳐뜨기

⑫ 선택 도구(V)로 ▶ '걸러뜨기'를 선택 후 Alt를 누르고 Drag하여 복사한다.
⑬ 선분 도구(₩)를 ／ 선택한 후 화면을 클릭하여 옵션 창이 열리면,
 길이 20mm, 각도 0을 입력 후 확인을 누른다.
⑭ 선택 도구(V)로 ▶ 오브젝트 모두 선택 후, 윈도우 > 정렬패널에서
 [가로 가운데 정렬]을 눌러서 중심을 맞추고,

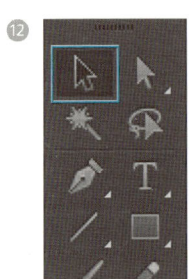
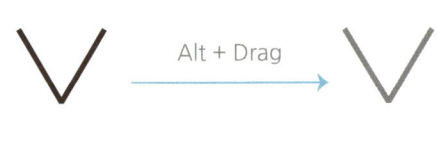

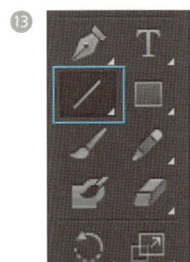
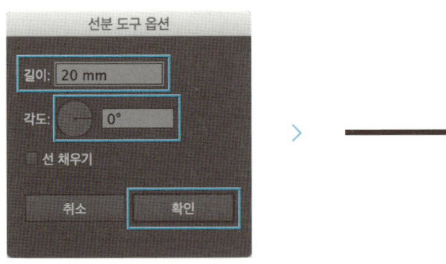

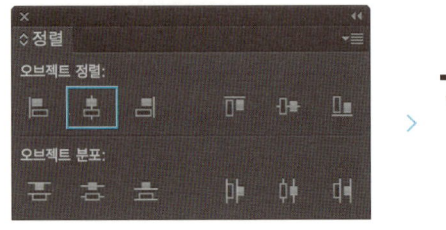
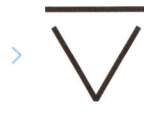

30

STEP
14-1

걸쳐뜨기

⑮ 블루 박스의 오브젝트 선택한 뒤 화살표 방향으로 이동한다.
⑯ 선택 도구(V)로  오브젝트 모두 선택 후, 오브젝트 > Group (Ctrl + G)한다.
⑰ Ctrl + 바탕화면을 클릭하여 선택해지 한 후, '걸쳐뜨기'를 완성한다.

⑮
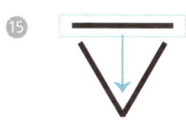 >

방향키로 이동

⑯
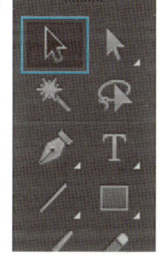 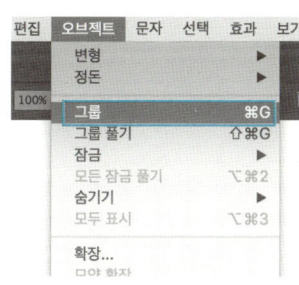 >

⑰ Ctrl + 바탕화면 클릭 >

STEP
15

 끌어올리기

① 도구 상자의 Stork 도구(X)를 ▢ 컬러 K100으로 지정 후,
윈도우 > 선 패널에서 두께 3pt를 입력한다.
② 도형 도구에서 둥근 사각형 도구를 ▢ 선택 후, 화면을 클릭하여 옵션 창이 열리면
너비 9mm, 높이 21mm, 모퉁이 반경 8mm를 입력 후 확인을 누른다.
③ 직접 선택 도구(A)로 ▶ 블루 박스 부분의 포인터를 Delete 하여 삭제한다.

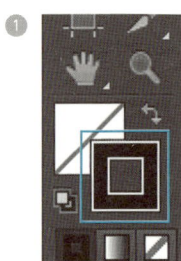

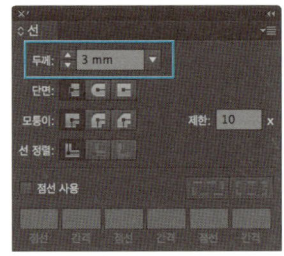

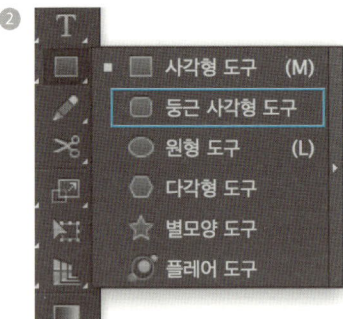

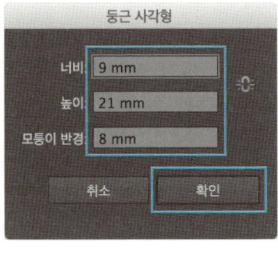

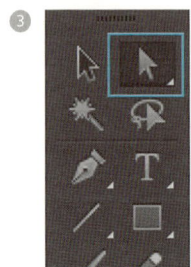

STEP 15-1

 끌어올리기

④ Ctrl + 바탕화면을 클릭하여 선택해지 한 후, '끌어올리기'를 완성한다.

④ Ctrl + 바탕화면 클릭 > ∩

STEP 16

 윈코 교차하기

① 도구 상자의 Stork 도구(X)를 컬러 K100으로 지정 후,
윈도우 > 선 패널에서 두께 3pt를 입력한다.
② 선분 도구(₩)를 ✏ 선택 후 화면을 클릭하고
Shift를 누르고 Drag하여 45도 기울기의 직선을 그린다.
③ 선택 도구(V)로 ▶ 오브젝트를 선택 후,

 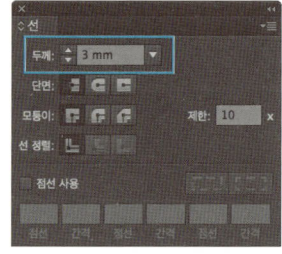

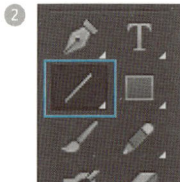 

Click
Shift + Drag

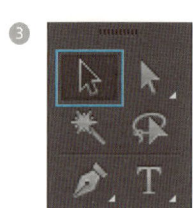 

STEP
16-1 왼코 교차하기

④ 반사 도구(O)를  더블클릭해서 옵션 창이 열리면 세로축을 선택하고 복사를 누른다.
⑤ 가위 도구(C)로 선의 블루 포인터 부분을 각각 클릭해서 자른다.
⑥ 직접 선택 도구(A)로 블루 선을 선택 후 Delete를 눌러서 삭제한다.

 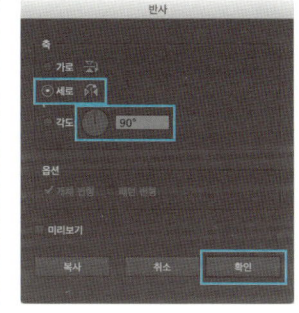

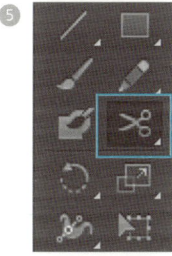 Click  Click

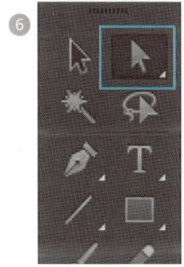 Delete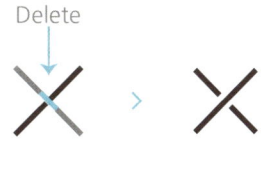

35

S T E P
16-2

윈코 교차하기

❼ 선택 도구(V)로 오브젝트를 모두 선택하여
오브젝트 > Group (Ctrl + G) 그룹 하고, '윈코 교차뜨기' 를 완성한다.

 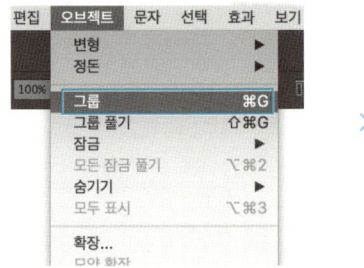 

STEP
17

오른코 교차하기

⑧ 선택 도구(V)로 오브젝트를 선택한 후, Alt와 Shift를 누르고 Drag하여 복사한다.
⑨ 반사 도구(O)를 더블클릭해서 옵션 창이 열리면 세로축을 선택하고 확인을 누른다.
⑩ Ctrl + 바탕화면을 클릭하여 선택해지 한 후, '오른코 교차뜨기'를 완성한다.

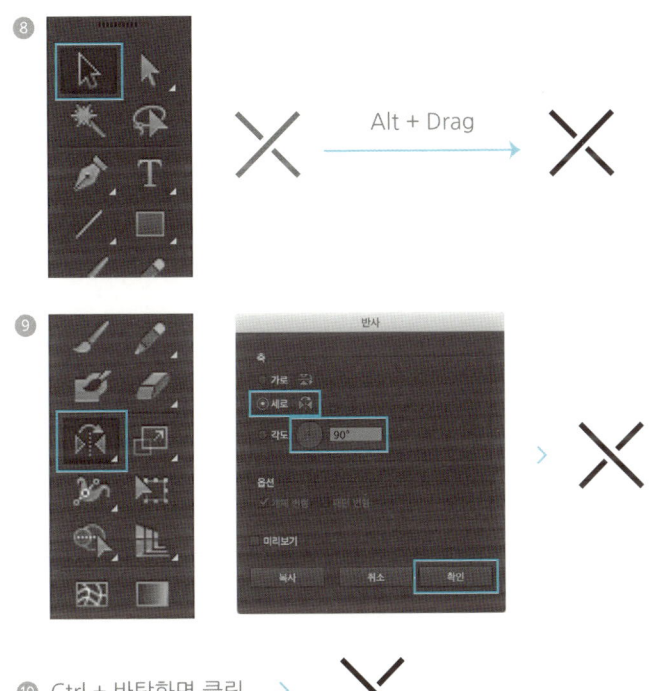

⑩ Ctrl + 바탕화면 클릭

STEP
18

 윈코 속 교차뜨기

① 도구 상자의 Stork 도구(X)를 ▫ 컬러 K100으로 지정 후,
윈도우 > 선 패널에서 두께 3pt를 입력한다.
② 선분 도구(₩)를 ╱ 선택 후 화면을 클릭하고 Shift를 누르고 Drag하여 직선을 그린다.
③ 도형 도구에서 둥근 사각형 도구를 ▫ 선택 후, 화면을 클릭하여 옵션 창이 열리면
너비 9mm, 높이 21mm, 모퉁이 반경 8mm를 입력 후 확인을 누른다.

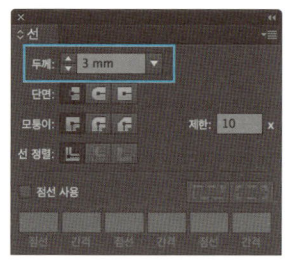
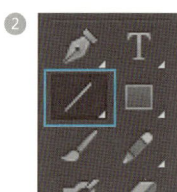

Click + Drag

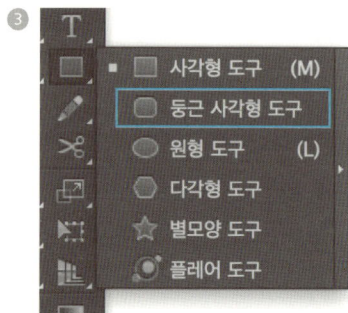
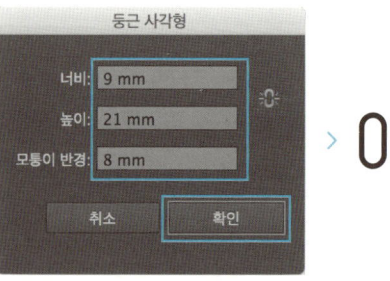

STEP
18-1

 윈코 속 교차뜨기

④ 직접 선택 도구(A)로 ▶ 블루 박스의 포인터를 선택 후 Delete를 눌러 삭제하고 블루 박스의 포인터를 각각 선택하여 화살표 방향으로 이동한다.

⑤ 직접 선택 도구(A)로 ▶ 블루 박스의 오브젝트를 각각 선택하여 화살표 방향으로 이동한다.

⑥ 선택 도구(V)로 ▶ 오브젝트를 화살표 방향으로 이동하여 교차방향으로 만든 후,

⑦ 선택 도구(V)로 ▶ 오브젝트를 모두 선택한 후,
Shift를 누르고 바운딩 박스의 조절점을 45도로 회전한다.

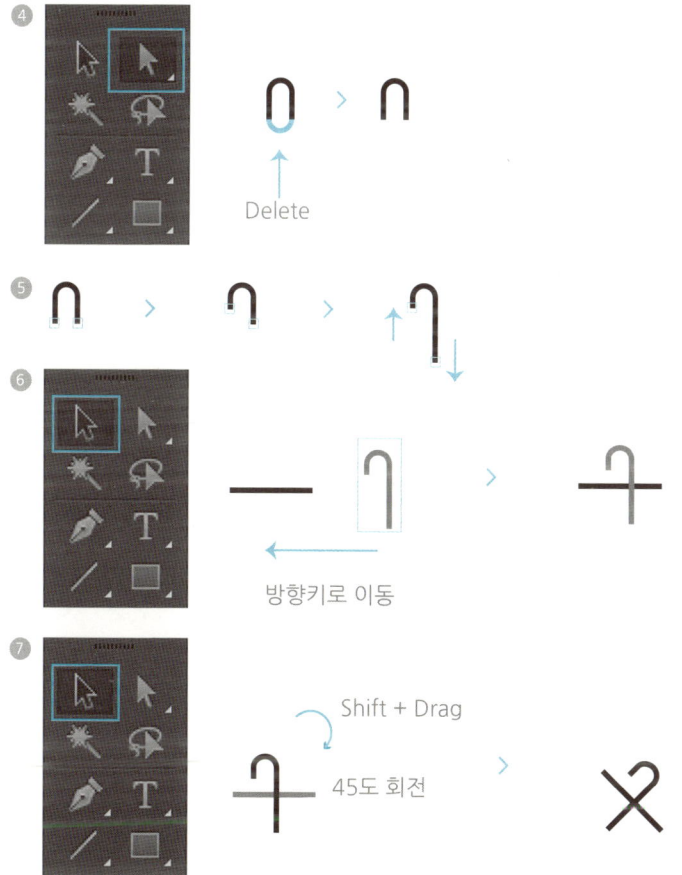

STEP
18-2    윈코 속 교차뜨기

⑧ 가위 도구(C)로 ✂ 선의 블루 포인터 부분을 각각 클릭해서 자른다.
⑨ 직접 선택 도구(A)로 ▶ 블루 선을 선택 후 Delete늘 눌러서 삭제한다.
⑩ 선택 도구(V)로 ▶ 오브젝트 모두 선택 후, 오브젝트 > Group (Ctrl + G)한다.
⑪ Ctrl + 바탕화면을 클릭하여 선택해지 한 후, '윈코 속 교차뜨기'늘 완성한나.

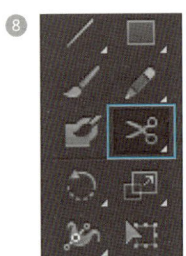   
Click Click

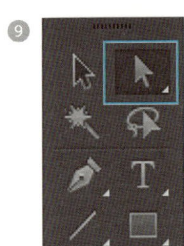   Delete
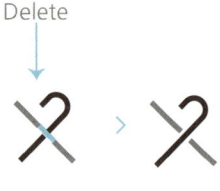

   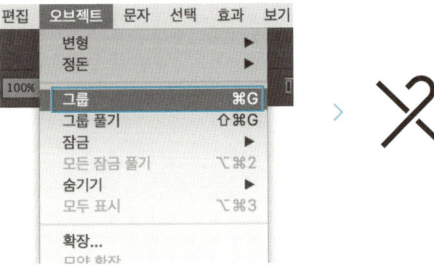

⑪ Ctrl + 바탕화면 클릭   >

STEP
19
오른코 속 교차뜨기

⑫ 선택 도구(V)로  '왼코속 교차뜨기' 를 선택한 후,
Alt와 Shift를 누르고 Drag하여 복사한다.
⑬ 반사 도구(O)를 더블클릭해서 옵션 창이 열리면 세로축을 선택하고 확인을 누른다.
⑭ Ctrl + 바탕화면을 클릭하여 선택해지 한 후, '오른코 속 겹치기'를 완성한다.

⑫
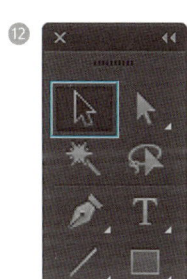
Alt + Shift + Drag
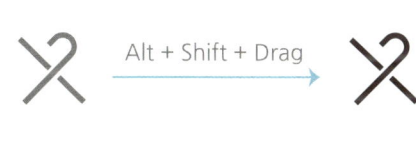

⑬

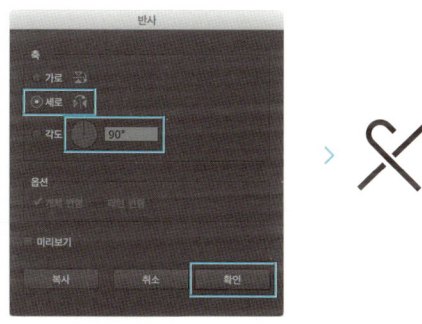

⑭ Ctrl + 바탕화면 클릭 >

STEP
20

 감아코

① 도구 상자의 Stork 도구(X)를 ▢ 컬러 K100으로 지정 후,
윈도우 > 선 패널에서 두께 3pt를 입력한다.
② 도구 상자의 원형도구(L)를 ⬤ 선택하고 화면을 클릭하여
옵션 창에서 너비 20mm, 높이 27mm 를 입력 후 확인을 누른다.
③ 선택 도구(V)로 ▶ 블루박스의 오브젝트를 선택 후, Alt와 Shift를 누르고 Drag하여
화살표 방향으로 복사한다.

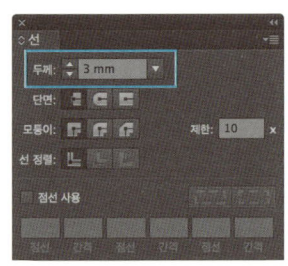

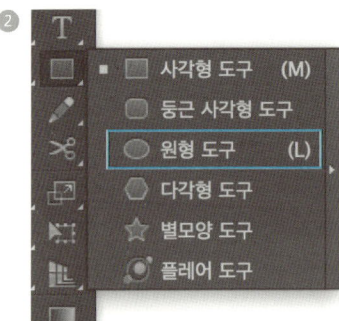

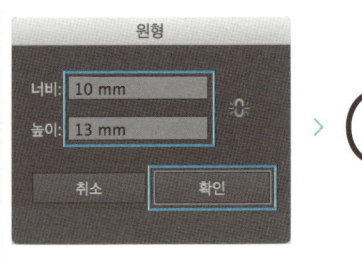 

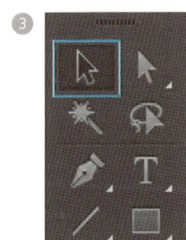

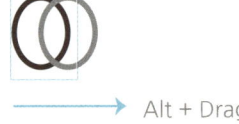

Alt + Drag

42

STEP
20-1
 감아코

④ 가위 도구(C)로 ✂ 선의 블루 포인터 부분을 각각 클릭해서 선을 자른다.
⑤ 직접 선택 도구(A)로 ▶ 블루 선을 선택 후 Delete늘 눌러서 삭제한다.
⑥ 가위 도구(C)로 ✂ 복사한 회색 오브젝트의 선의 블루 포인터 부분을 각각 클릭해서 선을 자른다.
⑦ 직접 선택 도구(A)로 ▶ 블루 선을 선택 후 Delete를 눌러 삭제한다.

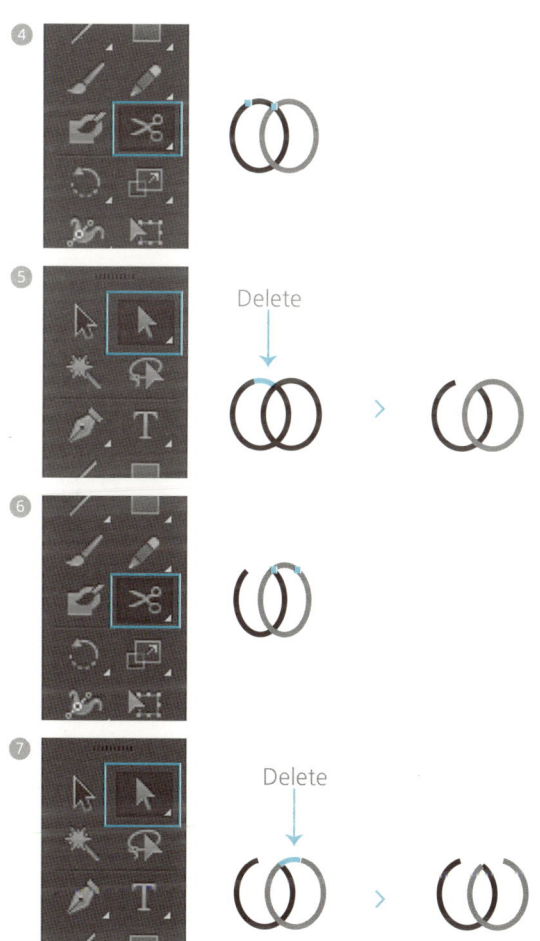

43

STEP 20-2

 감아코

⑧ 직접 선택 도구(A)로 블루 박스 부분의 두개의 포인터를 선택하여 오브젝트 〉 패스 〉 연결 (Ctrl + J) 한다.
⑨ Ctrl + 바탕화면을 클릭하여 선택해지 한 후, '감아코'를 완성한다.

⑧
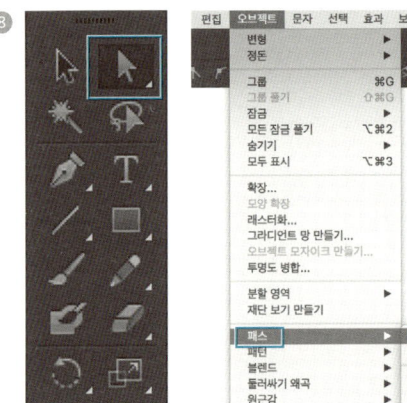
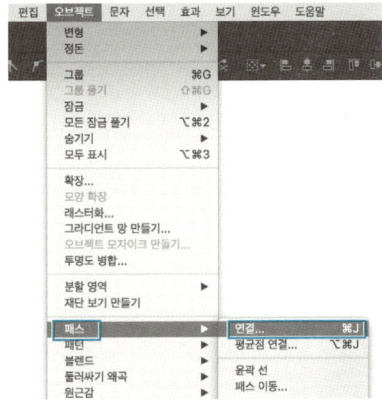

⑨ Ctrl + 바탕화면 클릭 〉

STEP 21

 꼬아올리기

① 도구 상자의 선분 도구(X)를 ▢ 컬러 K100으로 지정 후,
윈도우 > 선 패널에서 두께 3pt를 입력한다.
② 도형 도구에서 원형 도구(L)를 ◯ 선택 후,
화면을 클릭하여 옵션 창이 열리면 너비 7mm, 높이 7mm 입력 후 확인을 누른다.
③ 도형 도구에서 둥근 사각형 도구를 ▢ 선택 후, 화면을 클릭하여 옵션 창이 열리면
너비 6mm, 높이 13mm, 모퉁이 반경 8mm를 입력 후 확인을 누른다.

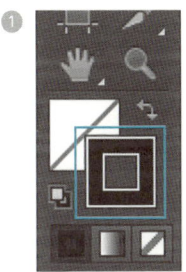 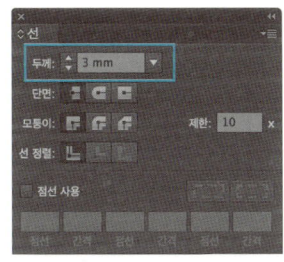

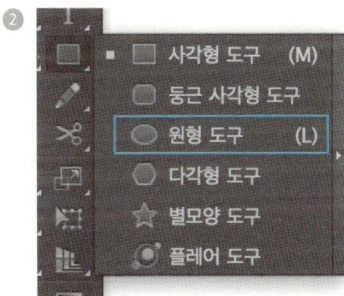 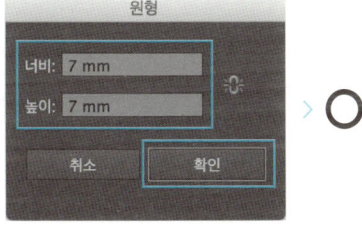

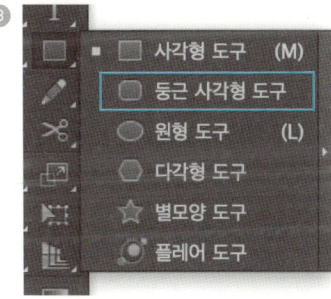 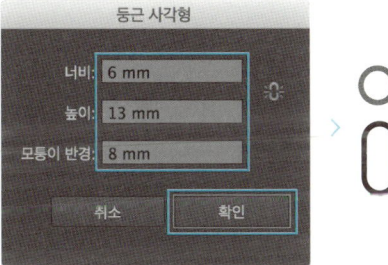

STEP
21-1

꼬아올리기

④ 직접 선택 도구(A)로 ▶ 블루 박스의 포인터를 Delete를 눌러 삭제한다.
⑤ 선택 도구(V)로 ▶ 오브젝트 전체를 선택해서 윈도우 > 정렬 패널에서 [가로 가운데 정렬]을 눌러 중심을 맞추고,
⑥ 선택 도구(V)로 ▶ 블루 박스의 오브젝트를 화살표 방향으로 이동한다.
⑦ 선택 도구(V)로 ▶ 오브젝트 모두 선택 후, 오브젝트 > Group (Ctrl + G)한다.

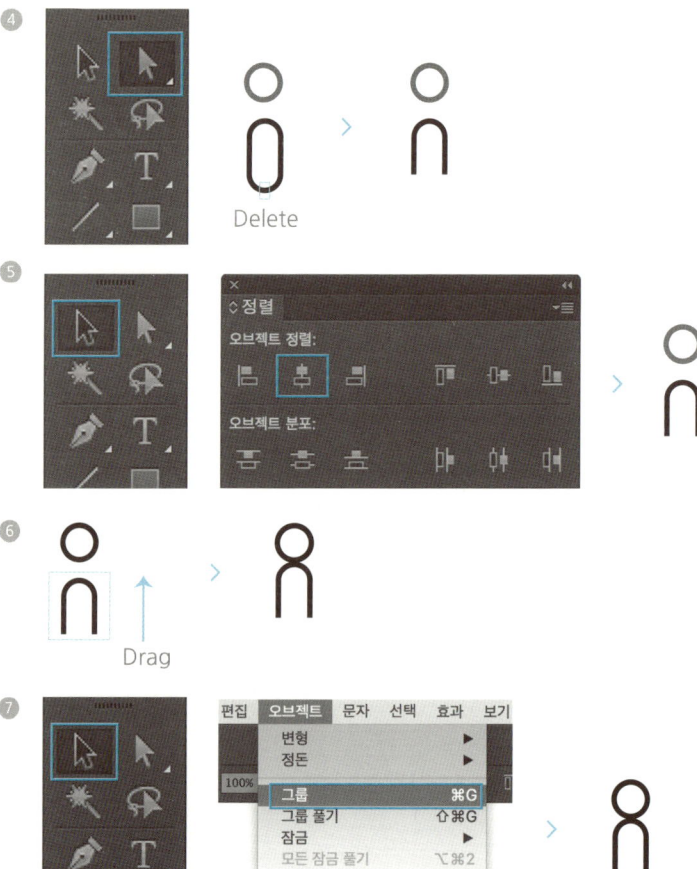

STEP 21-2

 꼬아올리기

⑧ Ctrl + 바탕화면을 클릭하여 선택해지 한 후, '꼬아올리기'를 완성한다.

⑧ Ctrl + 바탕화면 클릭   >

2

**코바늘 니팅
기본 기호 그리기**

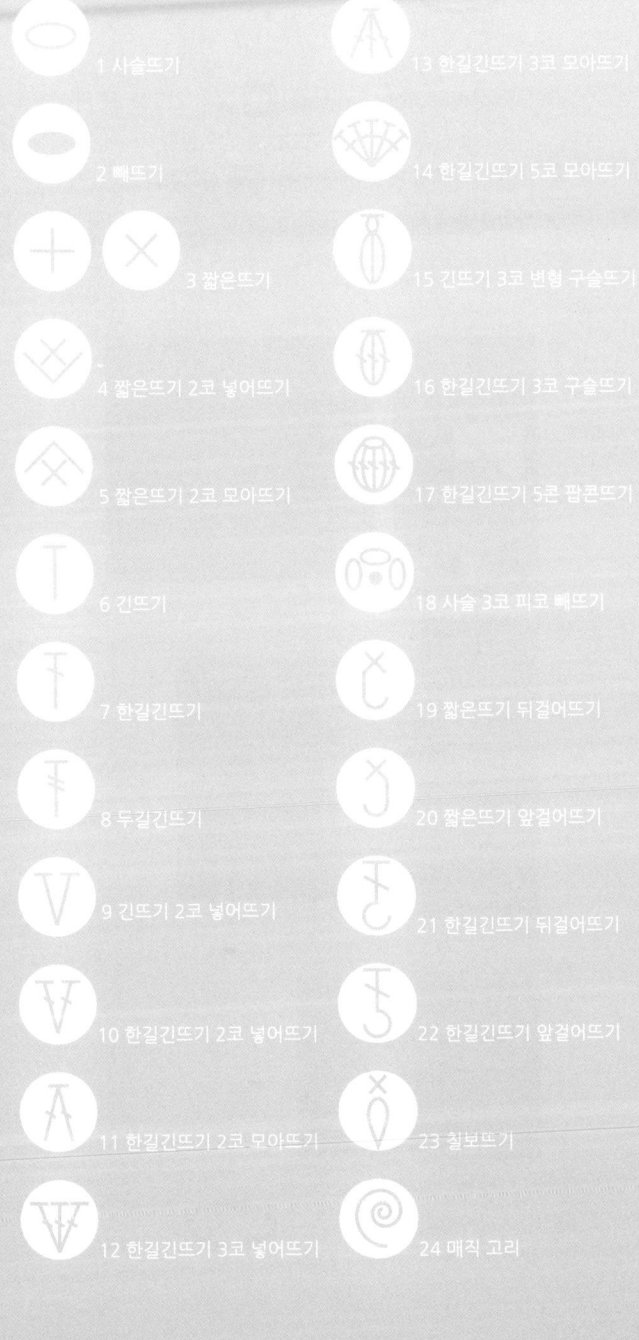

STEP 1

 사슬뜨기

① 도구 상자의 Stork 도구(X를) ▢ 컬러 k100으로 지정 후,
   윈도우 > 선 패널에서 두께 3pt를 입력한다.
② 도형 도구에서 원형 도구(L)을 ◯ 선택한다.
③ 화면을 클릭하여 너비 20mm, 높이 10mm 을 입력 후 확인을 누른다.
④ Ctrl + 바탕화면을 클릭하여 선택해지 한 후, '사슬뜨기'를 완성한다.

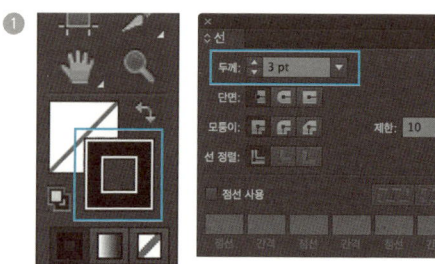

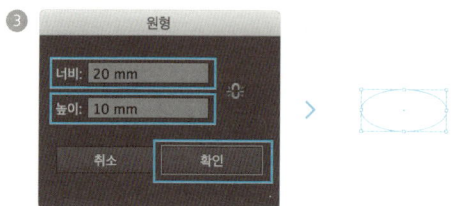

④ Ctrl + 바탕화면 클릭 >

S T E P
2

 빼뜨기

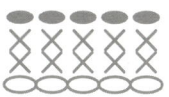

⑤ 선택 도구(V)로 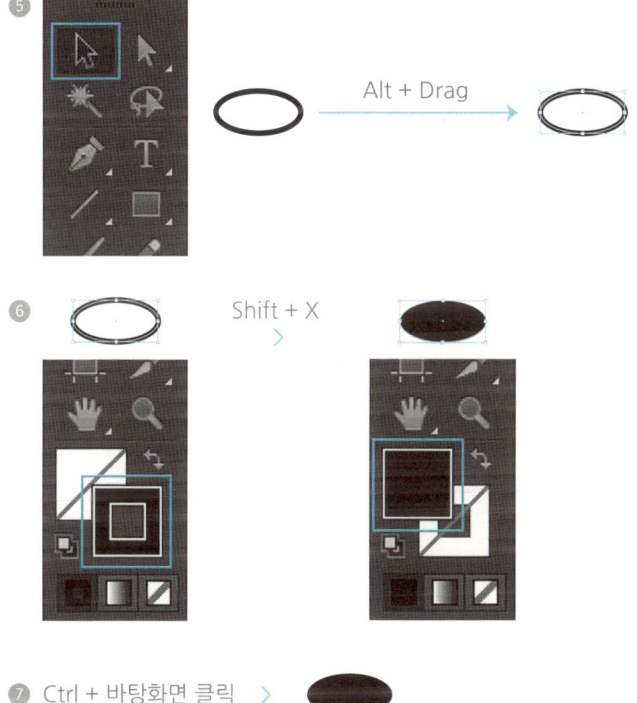 오브젝트를 선택 후 Alt를 누르고 Drag하여 복사한다.
⑥ 도구 상자의 컬러변환도구(Shift+X)을 □ 클릭하여 면(Fill)과 선(Stroke)의 컬러를 바꿔준다.
⑦ Ctrl + 바탕화면을 클릭하여 선택해지 한 후, '빼뜨기' 를 완성한다.

S T E P
3

 짧은뜨기

① 도구 상자의 Stork 도구(X)를 컬러 K100으로 지정 후,
윈도우>선 패널에서 두께 3pt를 입력한다.

② 선분 도구(\)를 / 선택한 후, 화면을 클릭하여
옵션 창에서 길이 20mm, 각도 90을 입력 후 확인을 누른다.

③ 선택 도구(V)로 ▶ ②를 선택해서 편집 > 복사 (Ctrl + C)하고
편집 > 앞에 붙이기 (Ctrl + F) 한다.

①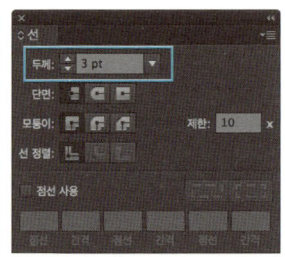

②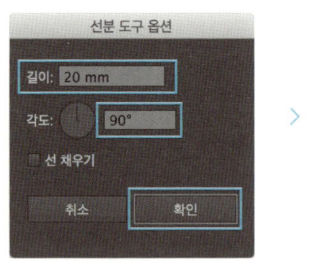

③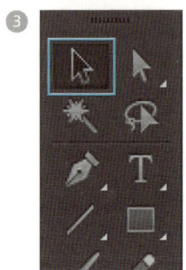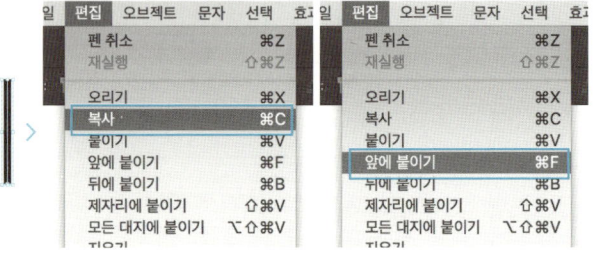

STEP 3-1

 짧은뜨기

④ 선택 도구(V)로 ▸ ❸을 선택하고 Shift 를 누르고 Drag하여 바운딩 박스 조절 점을 90도 회전하고,
⑤ 선택 도구(V)로 ▸ ❹를 선택하여, 오브젝트 〉 그룹 (Ctrl + G)한다.
⑥ Shift를 누르고 Drag하여 바운딩 박스 조절 점을 45도 회전한 후
⑦ Ctrl + 바탕화면 클릭하여 선택해지 한 후, '짧은뜨기'를 완성한다.

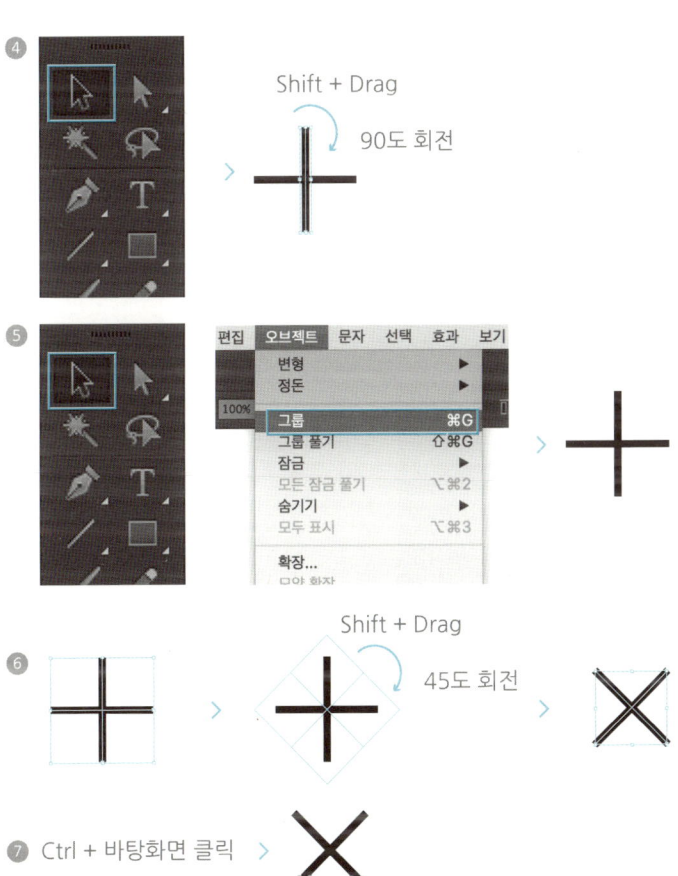

STEP
4

짧은뜨기 2코 넣어뜨기

⑧ 도형 도구에서 사각형 도구(M)를 ▢ 선택한다.
⑨ 화면을 클릭하여 옵션 창이 열리면, 너비15mm, 높이15mm 을 입력 후 확인을 누른다.
⑩ 윈도우 > 선 패널에서 두께 3pt를 입력한다.
⑪ 선택 도구(V)로 ▸ 오브젝트를 선택 한 후 Shift를 누르고 Drag하여
바운딩 박스 조절 점을 45도 회전 후,

Shift + Drag
45도 회전

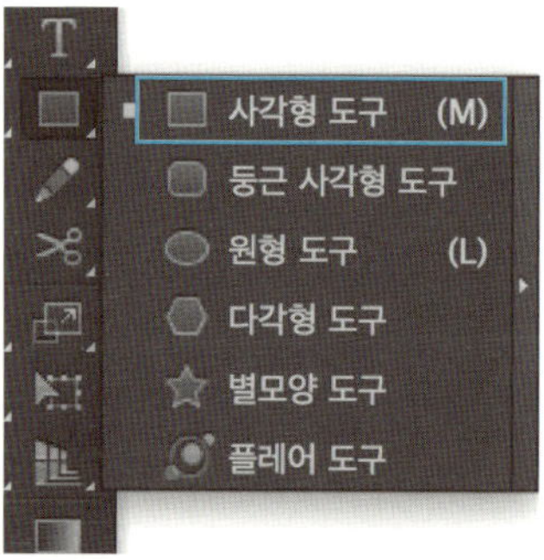

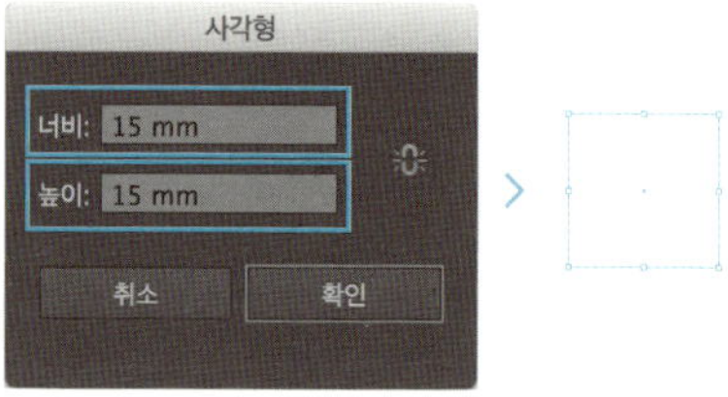

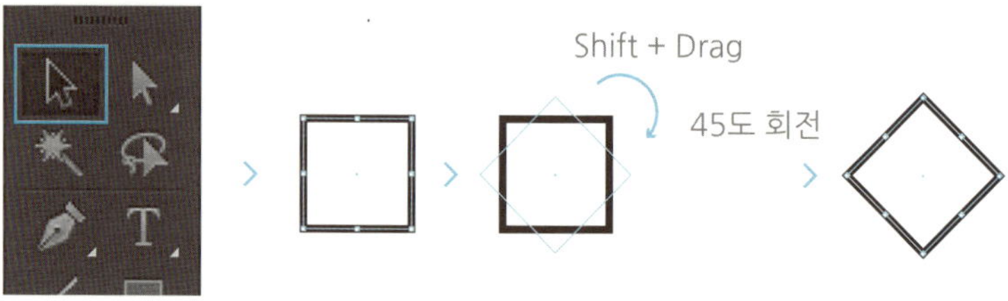

STEP
4-1

 짧은뜨기 2코 넣어뜨기

⓬ Ctrl + 바탕화면 클릭하여 선택해지 한다.
⓭ 직접 선택 도구(A)를 선택 후
   블루 박스의 포인트서를 클릭해서 delete를 눌러서 삭제한다.
⓮ 선택 도구(V)로 오브젝트 모두 선택하고,
⓯ 윈도우 > 정렬 패널에서 [가로 가운데 정렬]을 눌러서 중심을 맞춘다.

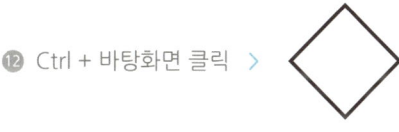

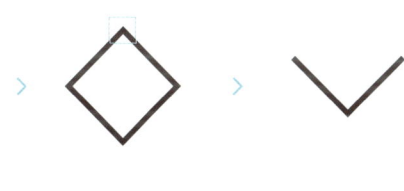

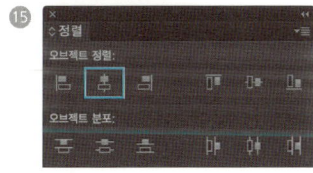

55

S T E P
4-2
 짧은뜨기 2코 넣어뜨기

⑯ 선택 도구(V)로  오브젝트 모두 선택 후, 오브젝트 〉 그룹 (Ctrl + G)한다.
⑰ Ctrl + 바탕화면을 클릭하여 선택해지 한 후, '짧은뜨기 2코 넣어뜨기'를 완성한다.

⑯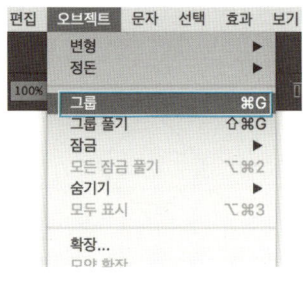

⑰ Ctrl + 바탕화면 클릭 〉

STEP
5

 짧은뜨기 2코 모아뜨기

⑱ 선택 도구(V)로 오브젝트를 선택 후 Alt와 Shift를 누르고 Drag하여 복사한다.
⑲ 반사 도구(O)를 더블 클릭, 옵션 창에서 가로축을 선택하고 각도를 입력 후 확인을 누른다.
⑳ Ctrl + 바탕화면을 클릭하여 선택해지 한 후, '짧은뜨기 2코 모아뜨기'를 완성한다.

Alt + Shift + Drag

⑳ Ctrl + 바탕화면 클릭

STEP
6

 긴뜨기

① 도구 상자의 Stork 도구(X)를 ☐ 컬러 K100으로 지정 후,
윈도우 > 선 패널에서 두께 3pt를 입력한다.
② 선분 도구(₩)를 ╱ 선택한 후, 화면을 클릭하여
옵션 창에서 길이 20mm, 각도 0을 입력 후 확인을 누른다.
③ 선택 도구(V)로 ▶ ②를 선택한 후,
편집 > 복사 (Ctrl + C) 하고, 편집 > 앞에 붙이기 (Ctrl + F) 한 후,

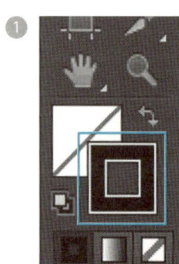 

 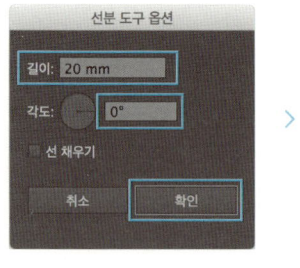

 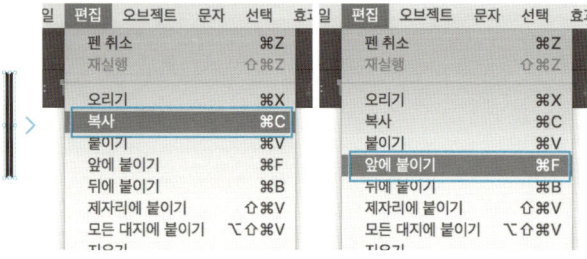

58

STEP
6-1

긴뜨기

④ Shift를 누르고 Drag하여 바운딩 박스 조절 점을 90도 회전하고
⑤ 윈도우 > 정렬 패널에서 [세로 위 정렬]을 눌러서 위를 맞춘다.
⑥ 직접 선택 도구(A)로 블루 박스의 포인터를 선택하여 화살표를 이동해서 길이를 조절한다.
⑦ 선택 도구(V)로 ⑥을 모두 선택한 후, 오브젝트 > 그룹 (Ctrl + G)한다.
⑧ Ctrl + 바탕화면 클릭하여 선택해지 한 후, '긴뜨기' 를 완성한다.

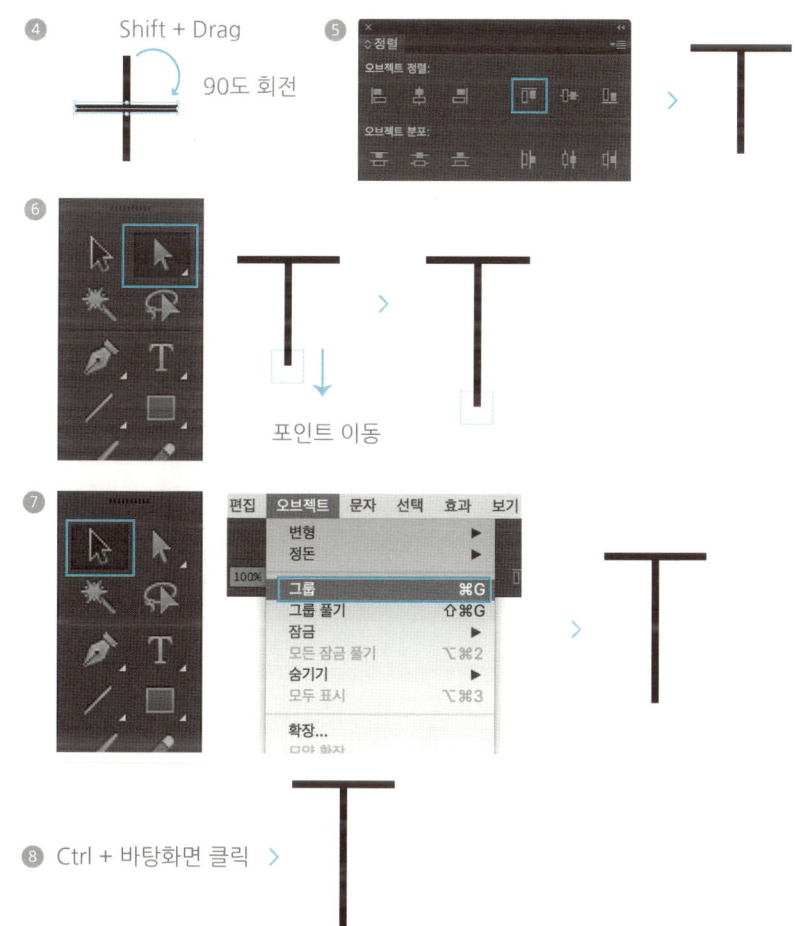

STEP
7

 한길긴뜨기

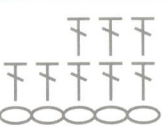

- ⑨ '긴뜨기'를 그린 후, 도구 상자의 선택 도구(V)로 ▶ 블루 박스의 오브젝트를 Alt와 Shift를 누르고 Drag하여 화살표 방향으로 복사해서 이동 후,
- ⑩ Alt를 누르고 바운딩 박스 조절 점을 중심으로 Drag하여 길이를 줄이고
- ⑪ 회전 도구(R)를 더블클릭하여 옵션 창에서 각도 30을 입력 후 확인을 누른다.

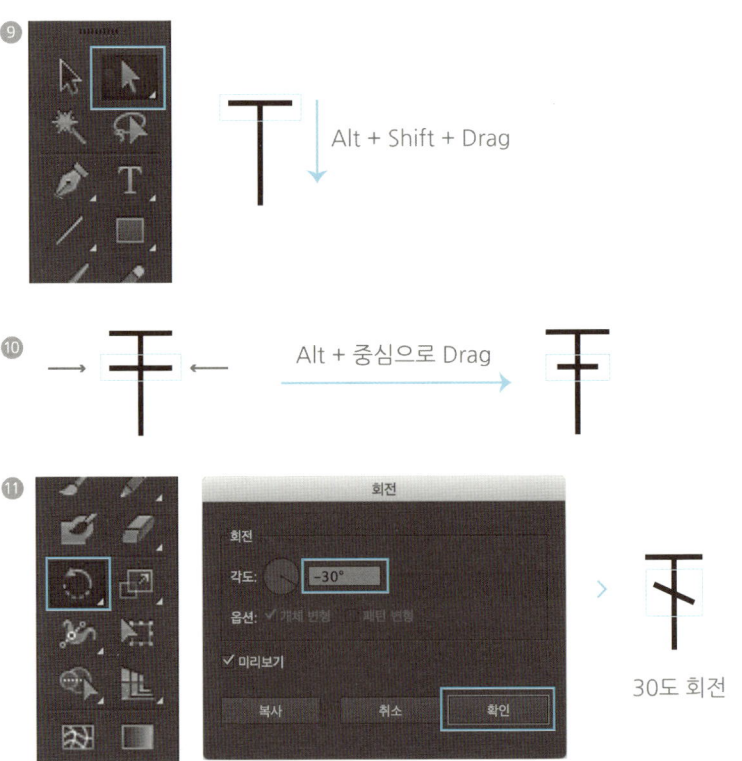

30도 회전

S T E P
7-1

 한길긴뜨기

⑫ 선택 도구(V)로  ⑪을 모두 선택 후, 오브젝트 > 그룹 (Ctrl + G)한다.
⑬ Ctrl + 바탕화면 클릭하여 선택해지 한 후, '한길긴뜨기'를 완성한다.

⑫   >

⑬ Ctrl + 바탕화면 클릭 >

STEP
8
 두길긴뜨기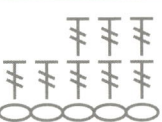

⓮ '한길긴뜨기'를 그린 후, 선택 도구(V)로 ▶ 블루 박스의 오브젝트를 선택하고, Alt와 Shift를 누르면서 Drag하여 화살표 방향으로 복사해서 이동한다.
⓯ 선택 도구(V)로 ▶ ⓮를 모두 선택한 후, 오브젝트 > 그룹 (Ctrl + G)한다.
⓰ Ctrl + 바탕화면 클릭하여 선택해지 한 후, '두길긴뜨기'를 완성한다.

⓮
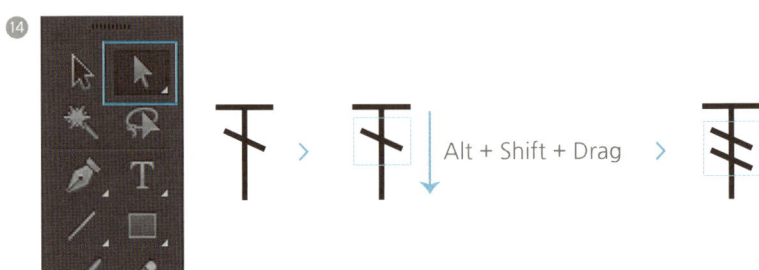

⓯
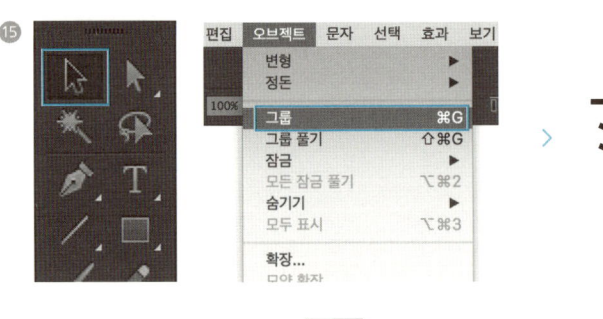

⓰ Ctrl + 바탕화면 클릭

지그재그 그래니 블랭킷 도안 그리기

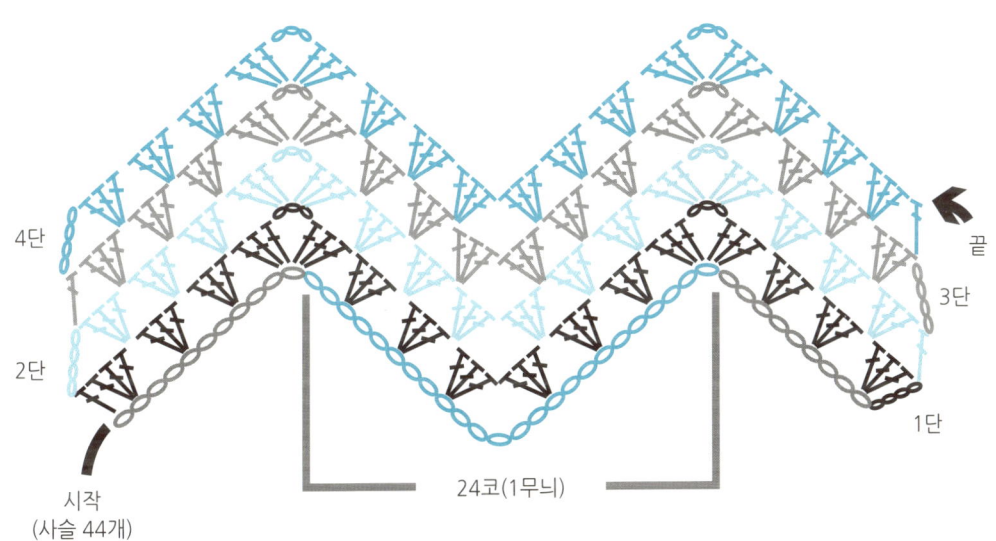

4단
2단
시작
(사슬 44개)
24코(1무늬)
끝
3단
1단

STEP 9
긴뜨기 2코 넣어뜨기

① '긴뜨기'를 그린 후, 직접 선택 도구(A)로 블루 박스를 선택하고, 화살표 방향으로 이동한다.
② 선택 도구(V)로 ①을 모두 선택하고 도구 상자의 반사 도구(O)를 더블클릭한다.
③ 옵션 창에서 세로축을 선택하고 복사를 누르고 화살표 방향으로 이동한다.

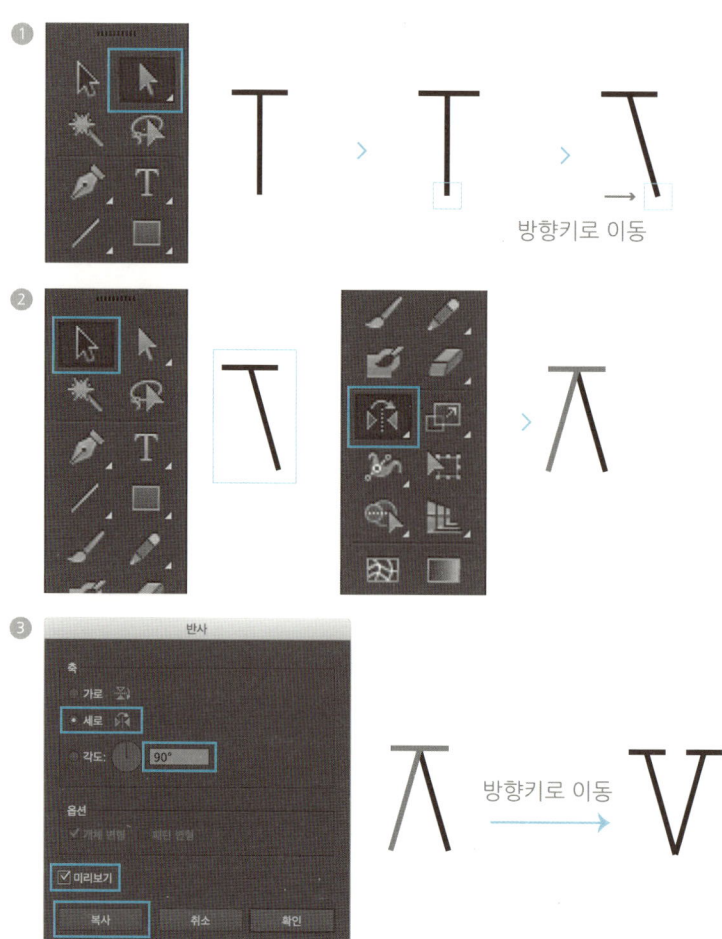

STEP
9-1 V 긴뜨기 2코 넣어뜨기

④ 선택 도구(V)로  ❸을 모두 선택한 후, 오브젝트 > 그룹 (Ctrl + G) 한다.
❺ Ctrl + 바탕화면 클릭하여 선택해지 한 후, '긴뜨기 2코 넣어뜨기'를 완성한다.

④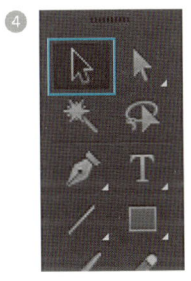

❺ Ctrl + 바탕화면 클릭 >

STEP 10

한길긴뜨기 2코 넣어뜨기

① '긴뜨기 2코 넣어뜨기'를 그린 후, 선택 도구(V)로 블루 박스를 선택하고,
편집 > 복사 (Ctrl + C)하고, 편집 > 앞에 붙이기(Ctrl + F)한 후,
화살표 방향으로 이동한다.

② 선택 도구(V)로 블루 박스를 선택 후 Alt를 누르고
바운딩 박스 조절 점을 중심으로 Drag하여 길이를 줄인다.

③ 회전 도구(R)를 더블클릭해서 옵션 창에서 각도 -25를 입력 후 확인을 누른다.

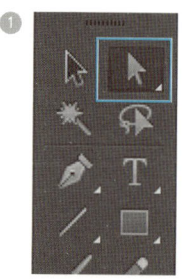

Ctrl + C >> Ctrl + F 방향키로 이동

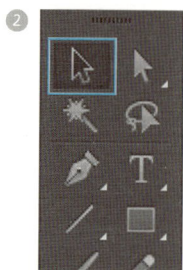

Alt + 중심으로 Drag

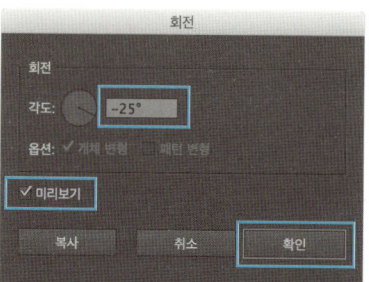

25도 회전

STEP
10-1

한길긴뜨기 2코 넣어뜨기

④ 선택 도구(V)로  블루 박스를 선택한 후, 편집 >복사 (Ctrl + C)하고,
편집 > 앞에 붙이기 (Ctrl + F)해서 화살표 방향으로 이동 한다.

⑤ 선택 도구(V)로  ④를 모두 선택하여, 오브젝트 > 그룹 (Ctrl + G)한다.

⑥ Ctrl + 바탕화면 클릭하여 선택해지 한 후, '한길긴뜨기 2코 넣어뜨기'를 완성한다.

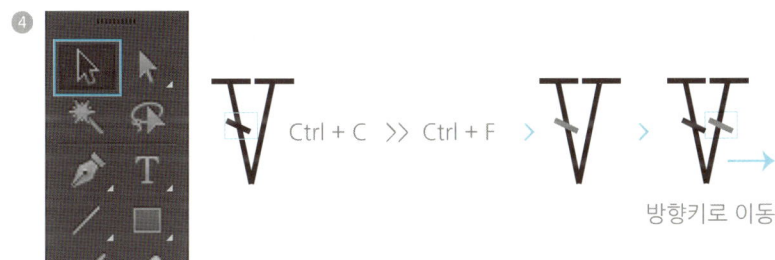

Ctrl + C >> Ctrl + F >

방향키로 이동

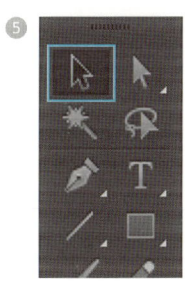

⑥ Ctrl + 바탕화면 클릭 >

67

STEP
11

 한길긴뜨기 2코 모아뜨기

1. '긴뜨기'를 그린후, 직접 선택 도구(A)로 블루 박스의 포인트를 선택하고, 화살표 방향으로 이동한다.
2. 선택 도구(V)로 블루 박스의 오브젝트를 선택 후, 반사 도구(O)를 더블클릭한다.
3. 옵션 상에서 세로축을 선택하고 복사를 누른 후 화살표 방향으로 이동한다.

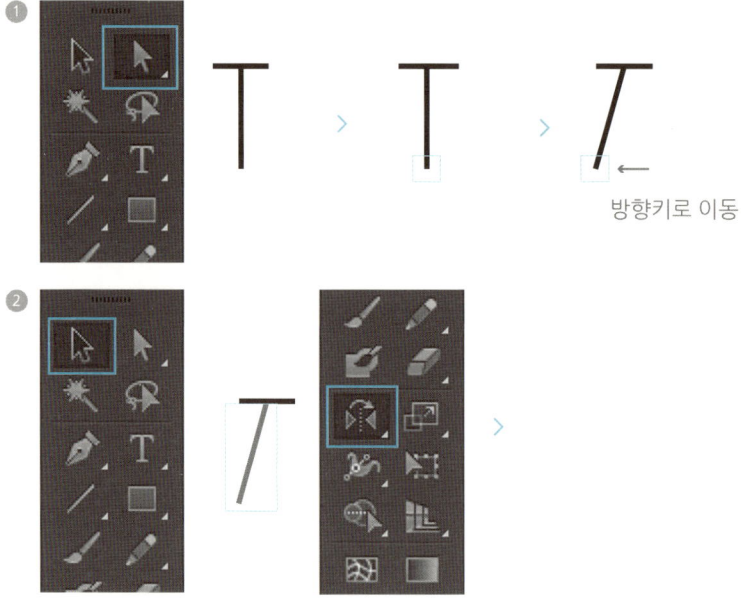

방향키로 이동

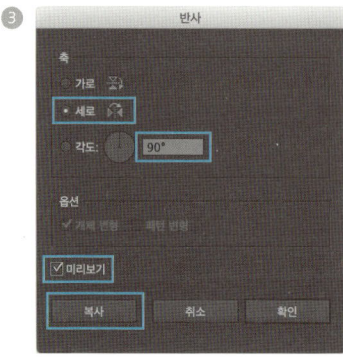
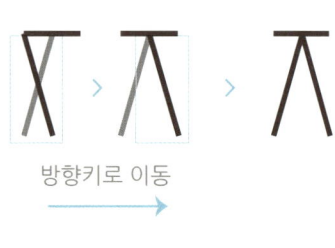

방향키로 이동

STEP
11-1
한길긴뜨기 2코 모아뜨기

④ 선택 도구(V)로 ▸ 블루 박스를 선택 후, 편집 > 복사 (Ctrl + C)하고,
편집 > 앞에 붙이기 (Ctrl + F)한 후, 화살표 방향으로 이동한다.
⑤ 선택 도구(V)로 ▸ 블루 박스의 오브젝트를 선택 후 바운딩 박스가 나타나면,
Alt를 누르고 중심으로 Drag하여 길이를 줄이고,
⑥ 회전 도구(R)를 ⟳ 더블클릭 하여 옵션 창에서 각도 -25를 입력 후 확인을 누른다.

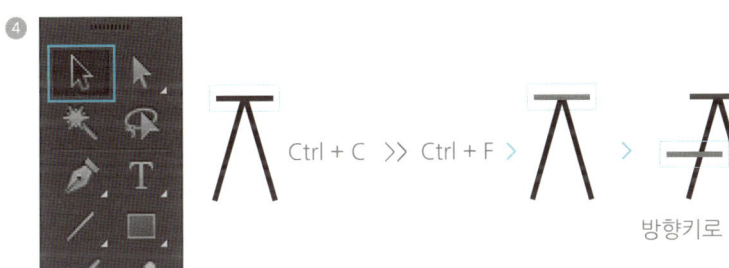

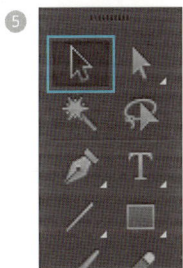 

 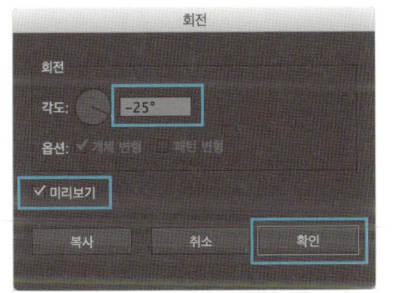 

69

STEP
11-2  한길긴뜨기 2코 모아뜨기

⑦ 선택 도구(V)로 ▶ 블루 박스의 오브젝트를 선택 후, 편집 > 복사 (Ctrl + C) 하고, 편집 > 앞에 붙이기 (Ctrl + F)한 후, 화살표 방향으로 이동한다.
⑧ 선택 도구(V)로 ▶ 오브젝트 모두 선택 후, 오브젝트 > 그룹 (Ctrl + G)한다.
⑨ Ctrl + 바탕화면 클릭하여 선택해지 한 후, '한길긴뜨기 2코 모아뜨기'를 완성한다.

⑦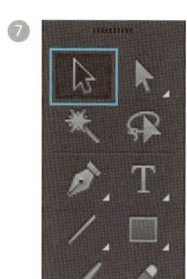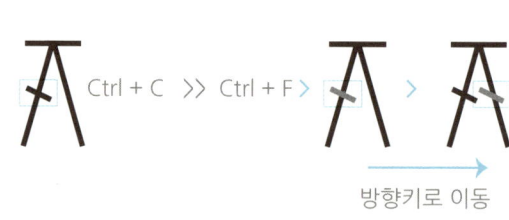

방향키로 이동

⑧

⑨ Ctrl + 바탕화면 클릭 >

STEP
12

한길긴뜨기 3코 넣어뜨기

① '긴뜨기'를 그린 후, 선택 도구(V)로 ▶ '긴뜨기'를 선택하고,
Alt와 Shift를 누르고 Drag하여 복사 후, 반복하여 복사 (Ctrl + D)한다
② 직접 선택 도구(A)로 ▶ 블루 박스의 포인터를 선택한다.
③ 윈도우 〉 정렬 패널에서 가로 [가운데 정렬]을 눌러 블루박스의 포인터를
중심으로 모아준다.

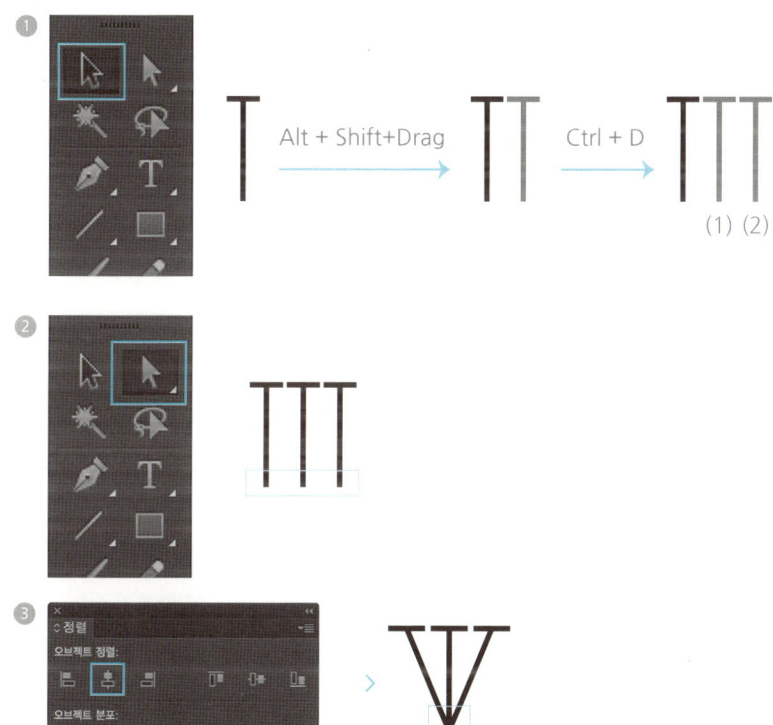

STEP 12-1

 한길긴뜨기 3코 넣어뜨기

④ 선택 도구(V)로 ▶ 블루 박스를 선택하고, 편집 > 복사 (Ctrl + C)하고,
편집 > 앞에 붙이기 (Ctrl + F) 후, 방향키로 아래로 이동한다.

⑤ 선택 도구(V)로 ▶ 블루 박스를 선택 후 Alt를 누르고
바운딩 박스 조절 점을 중심으로 Drag하여 길이를 줄이고,

⑥ 회전 도구(R)를 🔄 더블클릭하여 옵션 창에서 각도 -25를 입력 후 확인을 누른다.

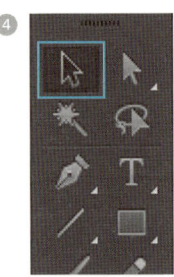 

Ctrl + C >> Ctrl + F

방향키로 이동

Alt + 중심으로 Drag

 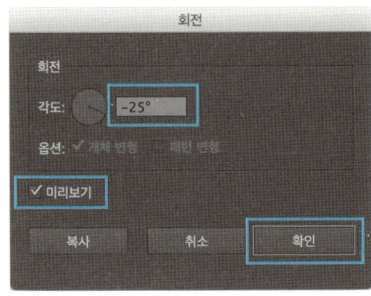 

25도 회전

STEP 12-2

한길긴뜨기 3코 넣어뜨기

❼ 선택 도구(V)로  블루 박스를 선택한 후, Alt와 Shift를 누르고 Drag하여 화살표 방향으로 복사 후, 반복하여 복사 (Ctrl + D)한다.

❽ 선택 도구(V)로  ❼을 모두 선택 후, 오브젝트 > 그룹 (Ctrl + G)한다.

❽ Ctrl + 바탕화면을 클릭하여 선택해지 한 후, '한길긴뜨기 3코 넣어뜨기'를 완성한다.

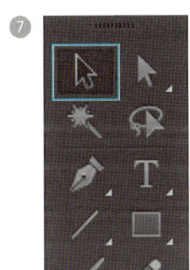
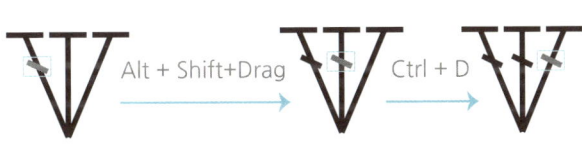
Alt + Shift+Drag   Ctrl + D

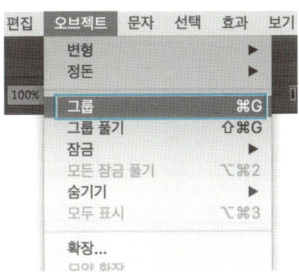

❾ Ctrl + 바탕화면 클릭   >

STEP 13

 한길긴뜨기 3코 모아뜨기

① 선택 도구(V)로 ▶ 'STEP12-2'를 모두 선택하고 도구 상자의 반사 도구(O)를 ▣ 더블클릭한다.
② 옵션 창에서 가로축을 선택하고 복사를 누른다.
③ 직접 선택 도구(A)로 ▶ 늘투 박스 위치를 선택하고 반사 도구(O)를 ▣ 더블클릭한다.

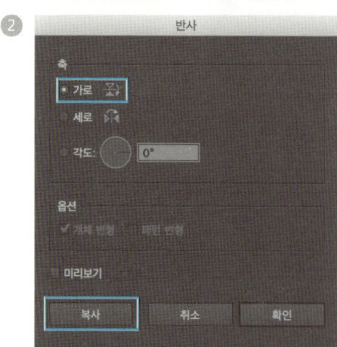 

 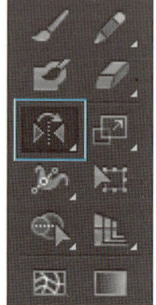 

STEP 13-1

 한길긴뜨기 3코 모아뜨기

④ 옵션 창에서 가로축을 선택하고 확인을 누른다.
⑤ 직접 선택 도구(A)로 블루 박스를 선택해서 Delete를 눌러서 삭제하고
⑥ 블루 박스를 선택해서 화살표 방향으로 이동한다.
⑦ Ctrl + 바탕화면을 클릭하여 선택해지 한 후, '한길긴뜨기 3코 모아뜨기'를 완성한다.

④
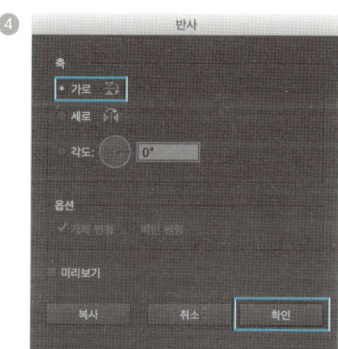  >

⑤
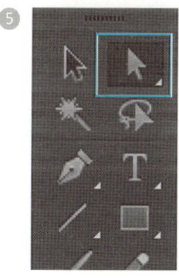  >
　　　　　　　Delete　Delete

⑥
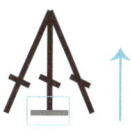 >
방향키로 이동

⑦ Ctrl + 바탕화면 클릭 >

STEP
14  한길긴뜨기 5코 모아뜨기

① '한길긴뜨기'를 그린 후, 선택 도구(V)로 ▶ 오브젝트를 선택하고 회전 도구(R)를 ↻ 클릭하고, 포인트 위치를 옮기기 위해 블루 박스 위치에 마우스를 올리고 Alt를 누르면서 클릭하다
② 옵션 창이 열리면 각도 : 90/4를 입력하고 복사 버튼을 누르고 반복하여 복사 (Ctrl + D)하기를 3번 반복한다.
③ 선택 도구(V)로 ▶ 오브젝트를 모두 선택 한 후, Shift를 누르면서 바운딩박스 조절점을 오른쪽으로 -45도 회전한다.

①
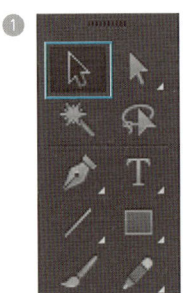  
Alt + Click

②
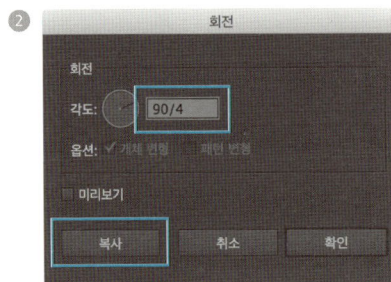
Ctrl + D
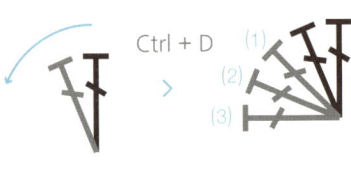

③
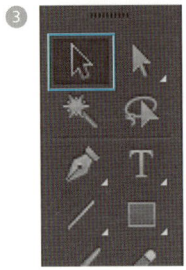 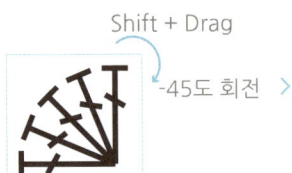
Shift + Drag
-45도 회전 ›

STEP
14-1
한길긴뜨기 5코 모아뜨기

④ 선택 도구(V)로  오브젝트 모두 선택 후, 오브젝트 > 그룹 (Ctrl + G)한다.
⑤ Ctrl + 바탕화면을 클릭 하여 선택해지 한 후, '한길긴뜨기 5코 모아뜨기'를 완성한다.

④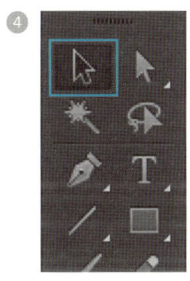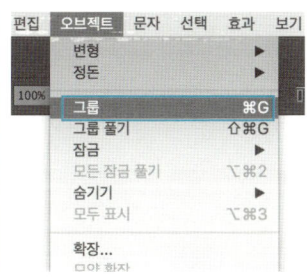

⑤ Ctrl + 바탕화면 클릭 >

77

STEP 15

긴뜨기 3코 변형 구슬뜨기

① 도구 상자의 Stork 도구(X)를 ▢ 컬러 K100으로 지정 후,
윈도우 > 선 패널에서 두께 3pt를 입력한다.

② 선분 도구(₩)를 ╱ 선택한 후, 화면을 클릭하여 옵션 창에서 길이 7mm,
각도 0을 입력 후 확인을 누르면 가로 선이 그려진다.

③ 도형 도구에서 원형 도구(L)를 ◯ 선택하고 화면을 클릭하여
옵션 창에서 너비 4mm, 높이 6mm을 입력 후 확인을 누른다.

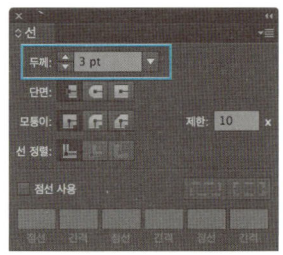

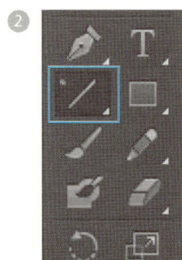
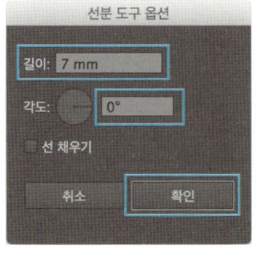

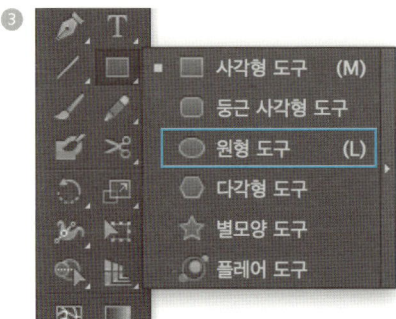
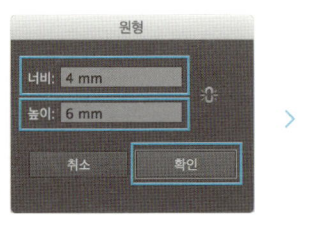

STEP
15-1

긴뜨기 3코 변형 구슬뜨기

④ 선택 도구(V)로 ▶ 블루 박스를 모두 선택하고,
⑤ 윈도우 > 정렬 패널에서 [가로 가운데 정렬]을 눌러서 중심을 맞추고,
[세로위 정렬]을 눌러 위를 맞춘다.
⑥ 선택 도구(V)로 ▶ 블루 박스의 오브젝트를 선택 후 편집 > 복사 (Ctrl + C)하고,
편집 > 앞에 붙이기 (Ctrl + F) 한 후, 화살표 방향으로 이동한다.
⑦ 선택 도구(V)로 ▶ 바운딩 박스 아랫쪽 조절점을 Drag해서 길이를 조절하고,
Alt를 누르고 화살표 방향으로 Drag하여 중심에서 바깥으로 크기를 늘려준다.

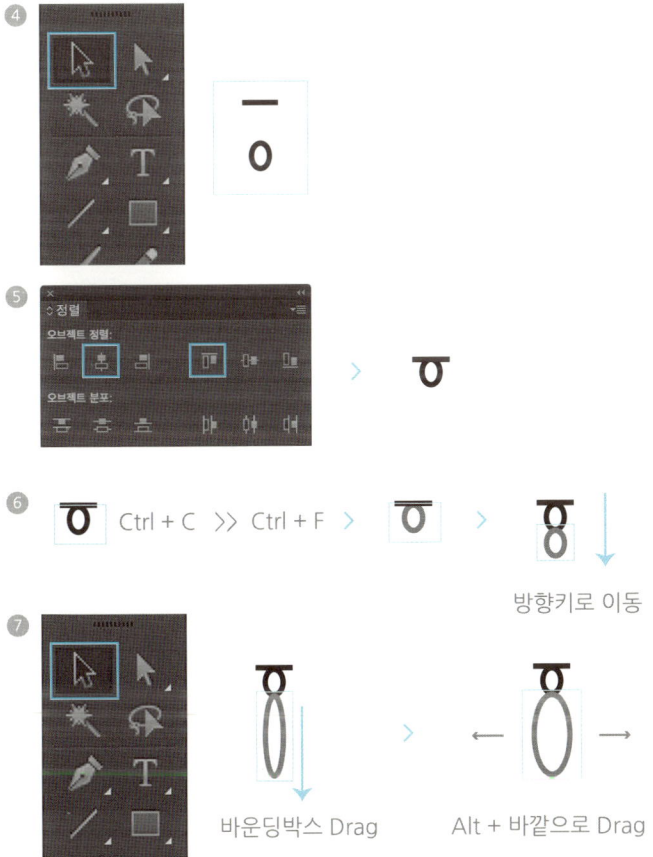

STEP
15-2

긴뜨기 3코 변형 구슬뜨기

❽ 선분 도구(₩)를 ╱ 선택한 후, 블루 박스 부분을 클릭하고 Shift를 누르고 화살표 방향으로 Drag하여 직선을 그린다.
❾ 선택 도구(V)로 ▸ 오브젝트 모두 선택 후, 오브젝트 〉 그룹 (Ctrl + G)한다.
❿ Ctrl + 바탕화면을 클릭하여 선택해지 한 후, '긴뜨기 3코 변형 구슬뜨기'를 완성한다.

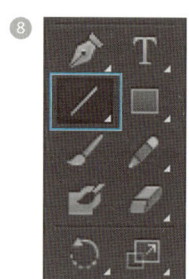

Click
Drag

❿ Ctrl + 바탕화면 클릭 〉

STEP
16
 한길긴뜨기 3코 구슬뜨기

① '긴뜨기'를 그린다.
② 도형 도구에서 원형 도구(L)를 선택하고 화면을 클릭하여
옵션 창에서 너비 8mm, 높이 18mm을 입력 후 확인을 누른다.
③ 선택 도구(V)로 오브젝트 모두 선택하여 윈도우 > 정렬 패널에서
[가로 가운데 정렬]을 눌러서 중심을 맞추고, [세로 위 정렬]을 눌러서 위를 맞춘다.

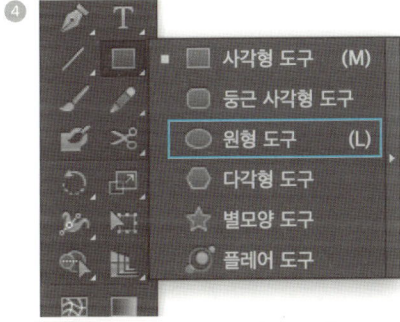
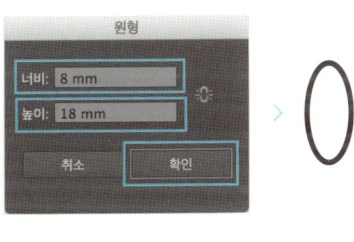
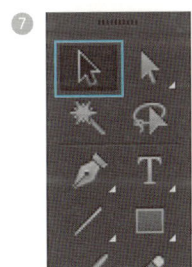
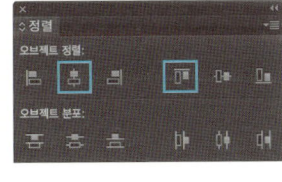

STEP 16-1

한길긴뜨기 3코 구슬뜨기

④ 선분 도구(\)를 선택한 후, 화면을 클릭하여
   옵션 창에서 길이 5mm, 각도 0을 입력 후 확인을 누른다.
⑤ 선택 도구(V)로 블루 박스를 선택하고, 회전 도구(R)를 더블클릭하여
⑥ 옵션 창에서 각도 -25를 입력 후 확인을 누른다.

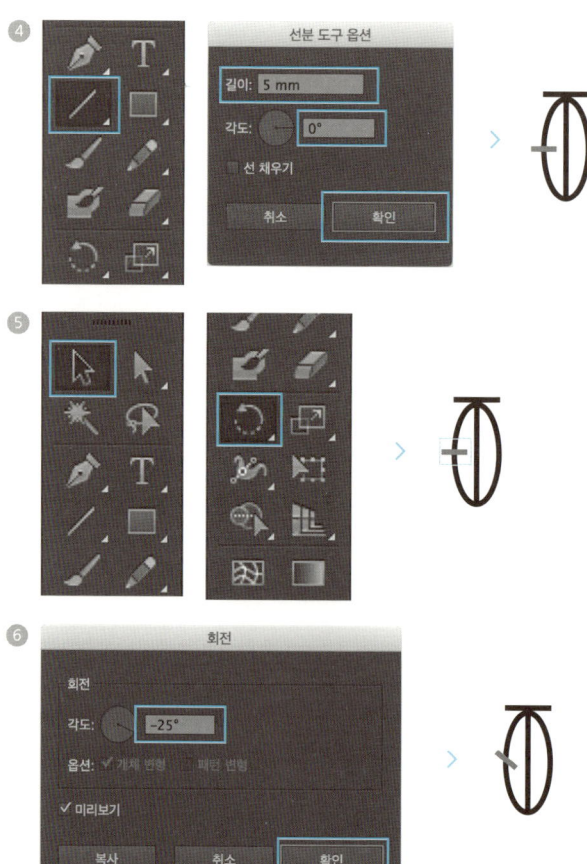

STEP 16-2

한길긴뜨기 3코 구슬뜨기

- ⑦ 선택 도구(V)로  블루 박스를 선택한 후, Alt와 Shift를 누르고 Drag하여 화살표 방향으로 복사 한 후, 반복하여 복사 (Ctrl + D)한다.
- ⑧ 선택 도구(V)로  ⑦을 모두 선택 후, 오브젝트 〉 그룹 (Ctrl + G)한다.
- ⑨ Ctrl + 바탕화면을 클릭하여 선택해지 한 후, '한길긴뜨기 3코 구글뜨기'를 완성한다.

⑦
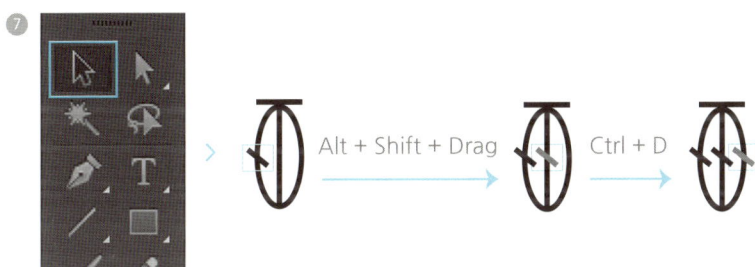
Alt + Shift + Drag   Ctrl + D

⑨
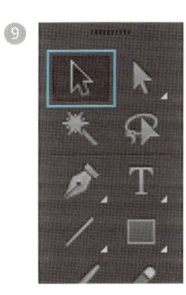

⑩ Ctrl + 바탕화면 클릭 ▷

STEP 17

 한길긴뜨기 5코 팝콘뜨기

① 선택 도구(V)로 오브젝트를 선택하고 Alt와 Shift를 누르고 Drag하여 복사 후 오브젝트 > 그룹풀기(Shift + Ctrl + G)한다.
② 선택 도구(V)로 블루 박스를 선택한 후, Delete를 눌러서 삭제한다.
③ 선택 도구(V)로 블루 박스에서 타원을 선택해서 편집 > 복사 (Ctrl + C) 하고, 편집 > 앞에 붙이기 (Ctrl + F) 후

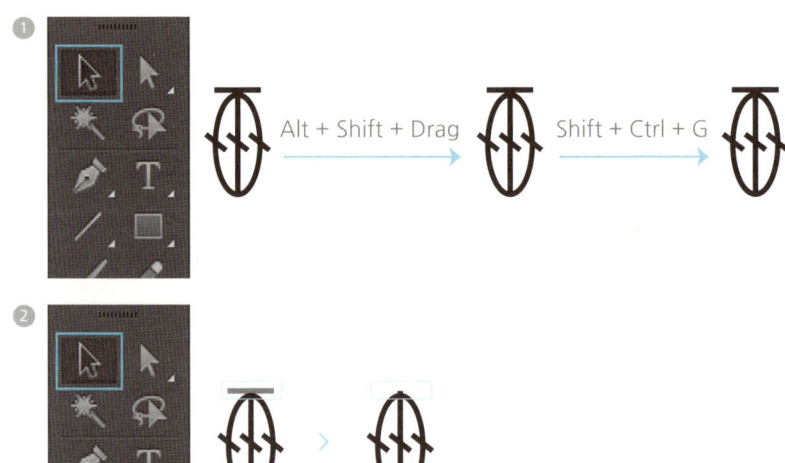

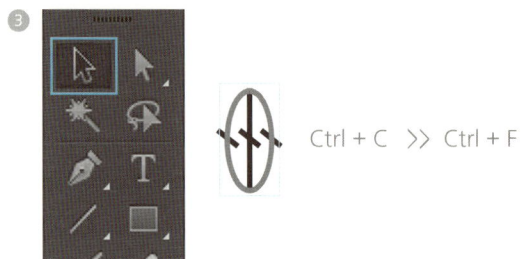

STEP
17-1

한길긴뜨기 5코 팝콘뜨기

④ 블루 박스의 복사된 원형을 Alt를 누르고 바운딩 박스 조절 점을
   화살표 방향으로 Drag하여 크기를 늘려준다.
⑤ 선택 도구(V)로 블루 박스를 선택 후 편집 > 복사 (Ctrl + C)하고,
   편집 > 앞에 붙이기 (Ctrl + F) 한 후, 화살표 방향으로 이동한다.
⑥ 선택 도구(V)로 오브젝트 모두 선택 후, 오브젝트 > 그룹 (Ctrl + G)한다.

④
 Alt + 바깥으로 Drag

⑤
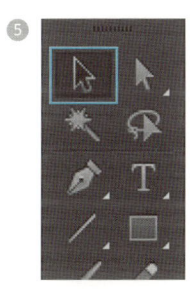
Ctrl + C >> Ctrl + F   Ctrl + C >> Ctrl + F

⑥
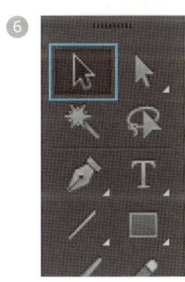
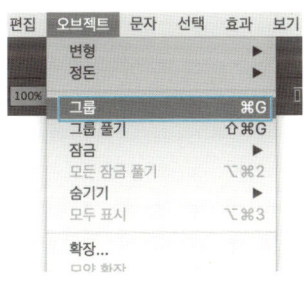

85

STEP
17-2

 한길긴뜨기 5코 팝콘뜨기

⑦ 도형 도구에서 원형 도구(L)를 ⬤ 선택하고 화면을 클릭하여
옵션 창에서 너비 6mm, 높이 3mm을 입력 후 확인을 누른다.
⑧ 컬러변환도구(Shift+X)을 ⬜ 클릭하여 면(Fill)과 선(Stroke)의 컬러를 바꾼 후
윈도우 > 선 패널에서 두께 3pt를 입력한다.
⑨ 선택 도구(V)로 ▶ 오브젝트 모두 선택하고

 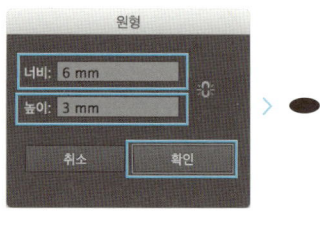

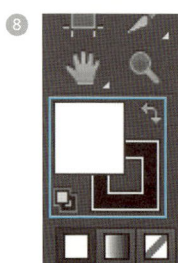 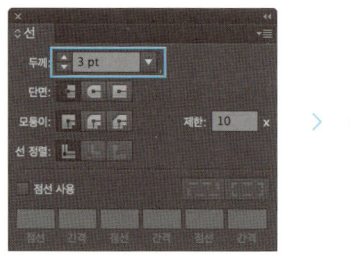

STEP
17-3

 한길긴뜨기 5코 팝콘뜨기

⑩ 윈도우 > 정렬 패널에서 [가운데 정렬]을 눌러 중심을 맞추고,
[세로 위 정렬]을 눌러서 위를 맞춘다.
⑪ 선택 도구(V)로  오브젝트를 모두 선택한 후, 오브젝트 > 그룹 (Ctrl + G)한다.
⑫ Ctrl + 바탕화면을 클릭 하여 선택해지 한 후, '한길긴뜨기 5코 팝콘뜨기'를 완성한다.

⑩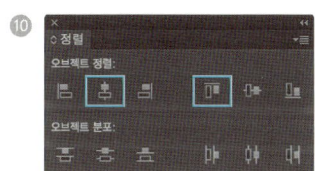

⑪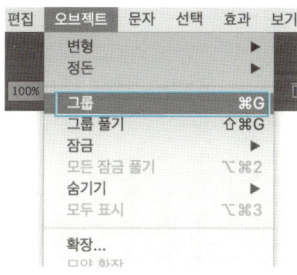

⑫ Ctrl + 바탕화면 클릭 >

STEP
18  사슬 3코 피코 빼뜨기

① 도구 상자의 Stork 도구(X)를 □ 컬러 K100으로 지정 후,
윈도우 > 선 패널에서 두께 3pt를 입력한다.
② 도형 도구에서 원형 도구(L)를 ○ 선택하고 화면을 클릭하여
옵션 창에서 너비 6mm, 높이 12mm을 입력 후 확인을 누르고
③ 회전 도구(R)를 더블클릭하여 옵션 창에서 각도 90을 입력 후 복사 누른다.

 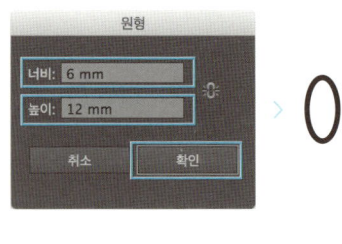

 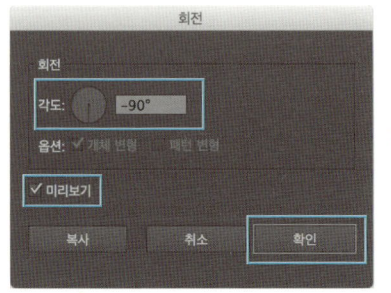

STEP
18-1
 사슬 3코 피코 빼뜨기

④ 선택 도구(V)로 ▶ 블루 박스를 선택 후 Drag하여 이동하고
⑤ 선택 도구(V)로 ▶ 블루 박스를 선택한 후, Alt와 Shift 누르고 Drag하여 복사한다.
⑥ 오브젝트를 모두 선택한 후, 오브젝트 > 그룹 (Ctrl + G) 한다.

④
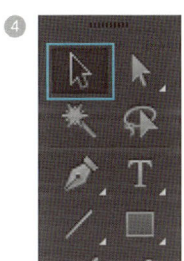 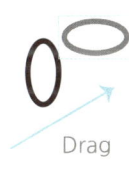
Drag

⑤
 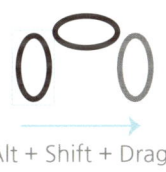
Alt + Shift + Drag

⑥
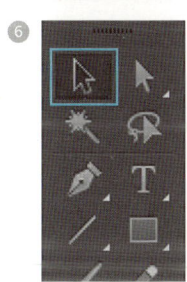 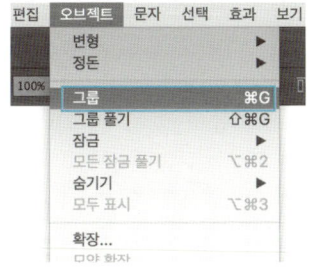 >

89

STEP
18-2
 사슬 3코 피코 빼뜨기

- ❼ 도구 상자의 면(Fill) 도구에서 ■ 컬러를 K100으로 한다.
- ❽ 도형 도구에서 원형 도구(L)를 ◯ 선택하고 화면을 클릭하여 옵션 창에서 너비 5mm, 높이 5mm을 입력 후 확인을 누른다.
- ❾ 선택 도구(V)로 ▶ ❻과 ❽을 모두 선택 후,

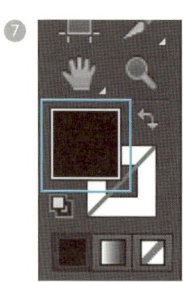

 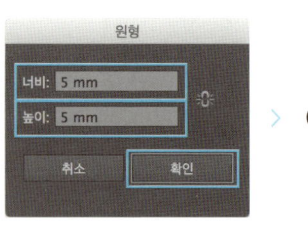

STEP
18-3  사슬 3코 피코 빼뜨기

❿ 윈도우 > 정렬 패널에서 [가로 가운데 정렬]을 눌러서 중심을 맞추고,
  [세로 아래 정렬]을 눌러서 아래를 맞춘다.
⓫ 선택 도구(V)로 ▸ ❿을 모두 선택한 후, 오브젝트 > 그룹 (Ctrl + G) 한다.
⓬ Ctrl + 바탕화면을 클릭하여 선택해지 한 후, '사슬 3코 피코 빼뜨기'를 완성한다.

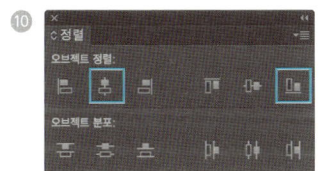 >

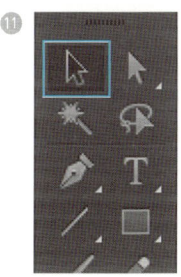 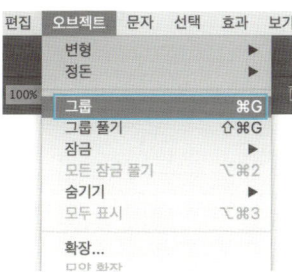 >

⓬ Ctrl + 바탕화면 클릭 >

STEP
19

짧은뜨기 뒤걸어뜨기

① 도구 상자의 Stork 도구(X)를 ☐ 컬러 K100으로 지정 후,
윈도우 > 선 패널에서 두께 3pt를 입력한다.
② 선분 도구(₩)를 ╱ 선택한 후, 화면을 클릭하여
옵션 창에서 길이 10mm, 각도 45를 입력 후 확인을 누른다.
③ 반사 도구(O)를 더블클릭 후, 옵션 창에서 세로 축을 선택하고 복사를 누른다.

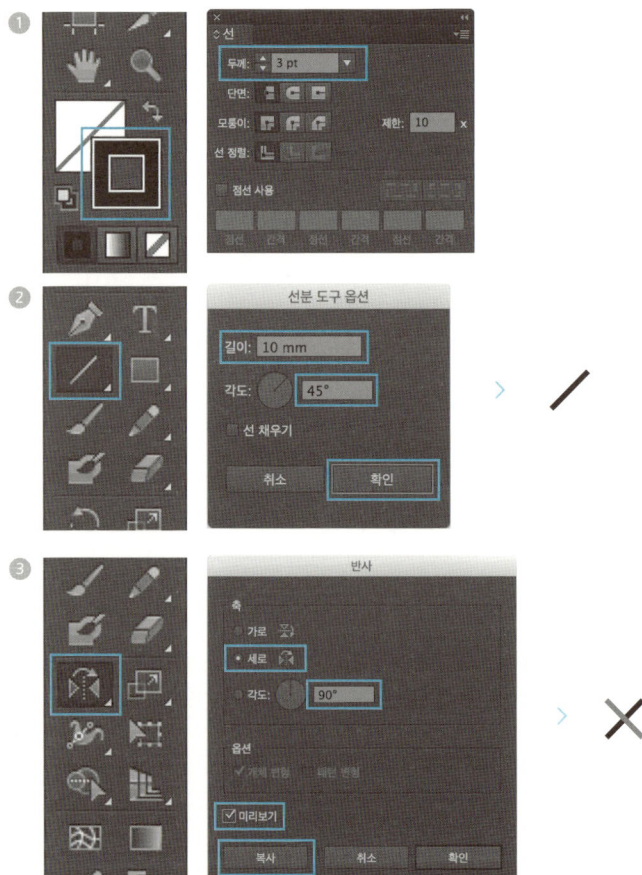

STEP 19-1

짧은뜨기 뒤걸어뜨기

④ 도형 도구에서 둥근 사각형 도구를  선택 후, 화면을 클릭하여 옵션 창이 열리면
⑤ 너비 8mm, 높이 15mm, 모퉁이 반경 8mm를 입력 후 확인을 누른다.
⑥ 직접 선택 도구(A)로 블루 박스의 포인트를 선택하여 Delete를 눌러서 삭제한다.

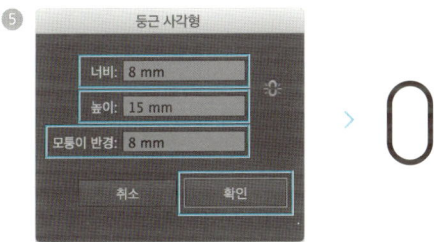

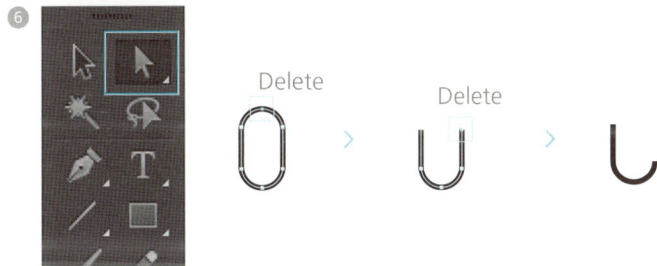

S T E P
19-2

짧은뜨기 뒤걸어뜨기

❼ 선택 도구(V)로 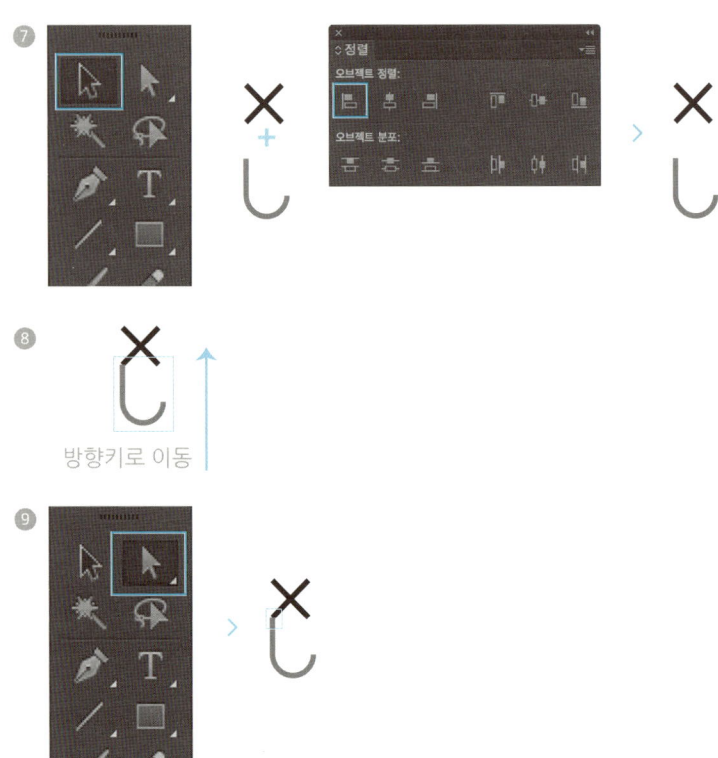 ❸과 ❻을 모두 선택해서
윈도우 > 정렬 패널에서 [가로 왼쪽 정렬]을 눌러서 왼쪽을 맞추고
❽ 블루 박스를 선택하여 화살표 방향으로 이동한다.
❾ 직접 선택 도구(A)로 블루 박스 부분 두 곳의 포인트를 선택 후,

방향키로 이동

STEP
19-3
짧은뜨기 뒤걸어뜨기

⑩ 오브젝트 > 패스 > 연결 (Ctrl + J)한다.
⑪ 선택 도구(V)로  ⑩을 모두 선택한 후, 오브젝트 > 그룹 (Ctrl + G) 한다.
⑫ Ctrl + 바탕화면을 클릭하여 선택해지 한 후, '짧은뜨기 뒤걸어 뜨기'를 완성한다.

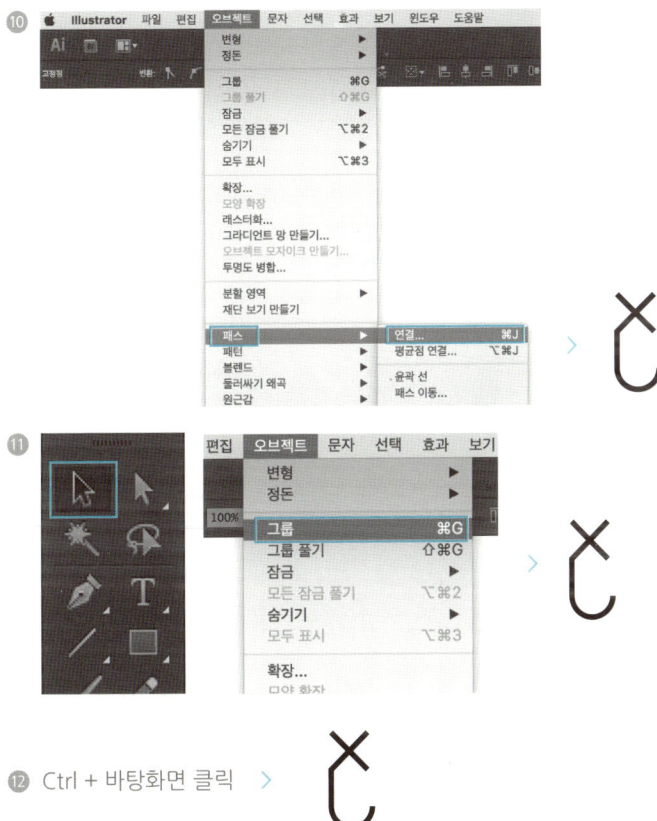

⑫ Ctrl + 바탕화면 클릭

STEP
20

짧은뜨기 앞걸어뜨기

⑬ 선택 도구(A)로  오브젝트를 선택 후 Alt와 Shift를 누르고 Drag하여 복사한다.
⑭ 반사 도구(O)를 더블클릭 하여 옵션 창에서 세로축을 선택하고 확인을 누른다.
⑮ Ctrl + 바탕화면을 클릭하여 선택해지 한 후, '짧은뜨기 앞걸어뜨기'를 완성하다

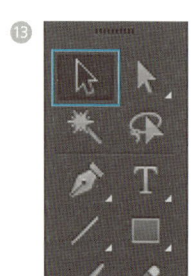

Alt + Shift + Drag

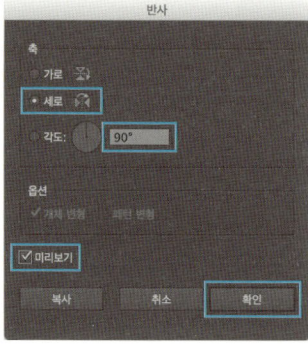

⑮ Ctrl + 바탕화면 클릭

STEP
21

한길긴뜨기 뒤걸어뜨기

① 도구 상자의 Stork 도구(X)를 □ 컬러 K100으로 지정 후,
윈도우 > 선 패널에서 두께 3pt를 입력한다.
② 선분 도구(₩)를 ╱ 선택한 후, 화면을 클릭하여
옵션 창에서 길이 8mm, 각도 0을 입력 후 확인을 누른다.
③ 선택 도구(V)로 ▶ ❷를 선택 후, 편집 > 복사 (Ctrl + C) 하고,
편집 > 앞에 붙이기 (Ctrl + F)후,

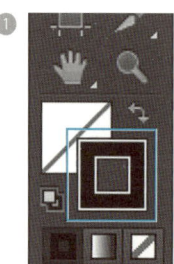
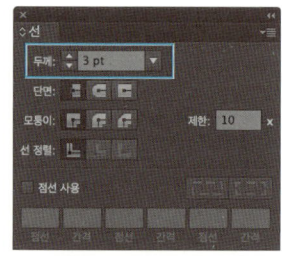
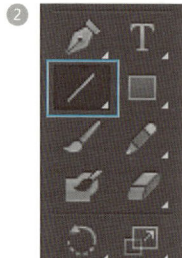
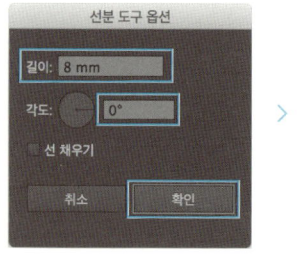

Ctrl+C >> Ctrl+F

STEP 21-1

한길긴뜨기 뒤걸어뜨기

④ Shift를 누르고 바운딩 박스 조절 점을 90도 회전한다.
⑤ 선택 도구(V)로  ④를 모두 선택해서 윈도우 > 정렬 패널에서
[세로 위 정렬]을 눌러서 위쪽을 맞춘다.
⑥ 직접 선택 도구(A)로  블루박스 포인터를 화살표 방향으로 이동해 길이를 조절한다.
⑦ 선택 도구(V)로  로 블루 박스의 오브젝트를 선택 후 Alt와 Shift를 누르고
화살표 방향으로 Drag하여 복사하고,

④ Shift + Drag
90도 회전

⑤

⑥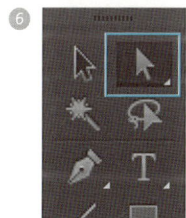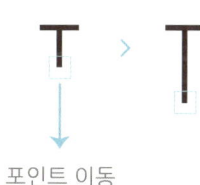

포인트 이동

⑦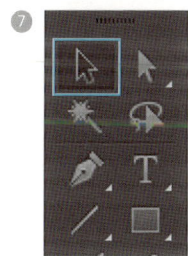

Alt + Shift + Drag

STEP 21-2

한길긴뜨기 뒤걸어뜨기

⑧ 중심으로 길이를 줄이기 위해 Alt를 누르고 화살표 방향으로 Drag하여 조절한다.
⑨ 회전 도구(R)를 더블클릭하여 옵션 창에서 각도 30을 입력 후 확인을 누른다.
⑩ 도형 도구에서 원형 도구(L)를 선택 후, 화면을 클릭하여
   옵션 창에서 너비 7mm, 높이 7mm을 입력 후 확인을 누른다.
⑪ 직접 선택 도구(A)로 블루 박스 부분의 선을 선택하여 Delete를 눌러 삭제한다.

⑧  Alt + 중심으로 Drag

⑨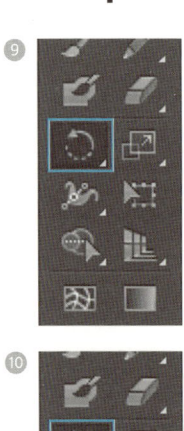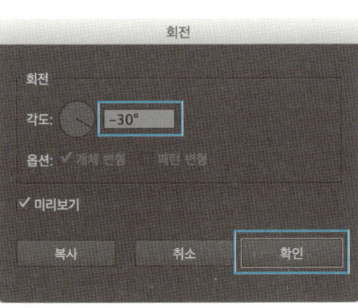
30도 회전

⑩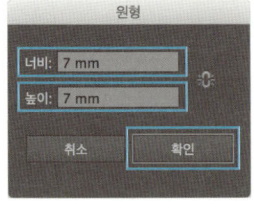

⑪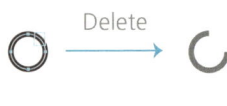
Delete

STEP 21-3

한길긴뜨기 뒤걸어뜨기

⑫ 선택 도구(V)로 ▶ 오브젝트 모두 선택해서 윈도우 > 정렬 패널에서 [가로 가운데 정렬]을 눌러서 중심을 맞추고,
⑬ 선택 도구(V)로 ▶ 블루박스를 선택해서 화살표 방향으로 이동한다.
⑭ 직접 선택 도구(A)로 ▶ 블루 박스 부분의 포인트 두 곳을 선택한 후,

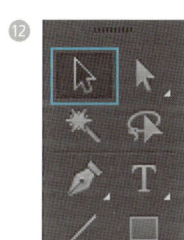 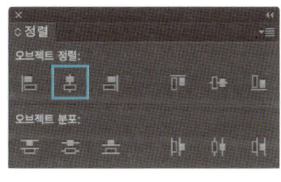

방향키로 이동

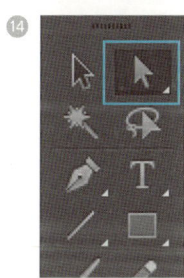 

101

STEP 21-4
한길긴뜨기 뒤걸어뜨기

⑮ 오브젝트 > 패스 > 연결 (Ctrl + J)한다.
⑯ 선택 도구(V)로 ⑮를 모두 선택한 후, 오브젝트 > 그룹 (Ctrl + G)한다.
⑰ Ctrl + 바탕화면을 클릭하여 선택해지 한 후, '한길기뜨기 뒤건어뜨기'를 완성한다.

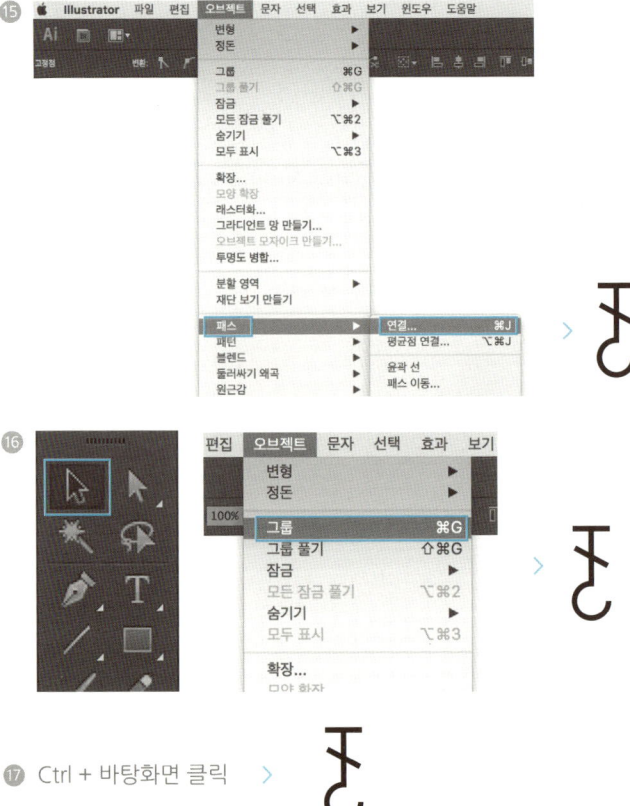

⑰ Ctrl + 바탕화면 클릭

STEP
22

한길긴뜨기 앞걸어뜨기

⑱ 선택 도구(V)로 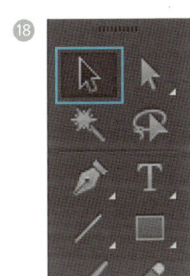 ⑰을 선택 후, Alt와 Shift를 누르고 Drag하여 복사한다.
⑲ 반사 도구(O)를  더블클릭하여 옵션 창에서 세로축을 선택하고 확인을 누른다.
⑳ Ctrl + 바탕화면을 클릭하여 선택해지 한 후, '한길긴뜨기 앞걸어뜨기'를 완성한다.

⑱

Alt + Shift + Drag

⑲

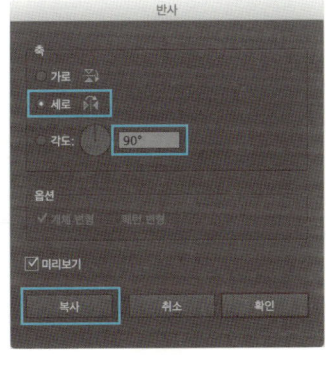

⑳ Ctrl + 바탕화면 클릭

STEP 23

 칠보뜨기

① 도구 상자의 Stork 도구(X)를 ▢ 컬러 K100으로 지정 후,
윈도우 > 선 패널에서 두께 3pt를 입력한다.
② 선분 도구(₩)를 ╱ 선택한 후, 화면을 클릭하여
옵션 창에서 길이 7mm, 각도 45를 입력 후 확인을 누른다.
③ 선택 도구(V)로 ▶ ②를 선택 후, 반사 도구를 더블클릭한다.

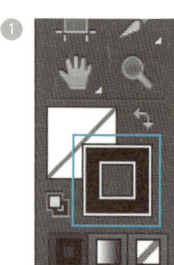 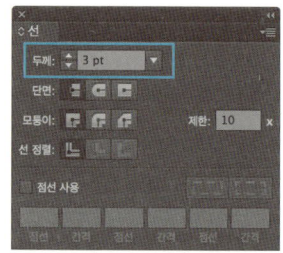

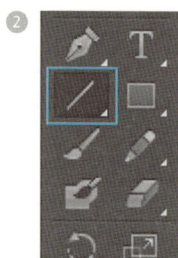 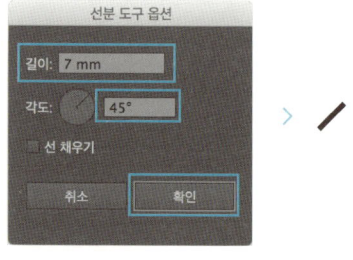

STEP
23-1

 칠보뜨기

④ 옵션 창에서 세로 축을 선택하고 복사를 누른다.
⑤ 도형 도구에서 원형 도구(L)를 ◯ 선택 후, 화면을 클릭하여 옵션 창이 열리면
⑥ 너비 6mm, 높이 15mm를 입력 후 확인을 누른다.

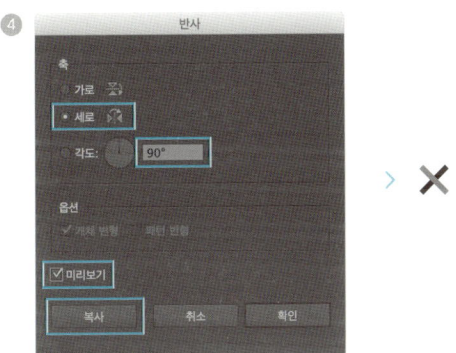

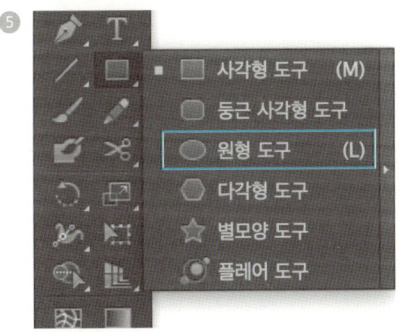

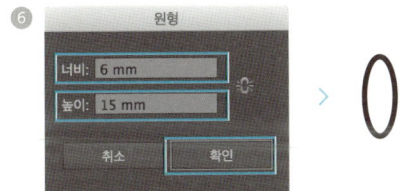

STEP 23-2

 칠보뜨기

7. 펜 도구(P)에서 [아이콘] 고정점 변환 도구 (Shift + C)를 선택 후, 블루 박스의 포인터를 클릭한다.
8. 선택 도구(V)로 [아이콘] 4와 7을 모두 선택해서 윈도우 > 정렬 패널에서 [가로 가운데 정렬]을 눌러서 중심을 맞추고
9. 선택 도구(V)로 [아이콘] 블루 박스의 오브젝트를 선택해서 화살표 방향으로 이동한다.

방향키로 이동

STEP
23-3

칠보뜨기

⑩ 선택 도구(V)로  ⑨ 를 모두 선택한 후, 오브젝트 > 그룹 (Ctrl + G) 한다.
⑪ Ctrl + 바탕화면을 클릭 하여 선택해지 한 후, '칠보뜨기'를 완성한다.

⑩
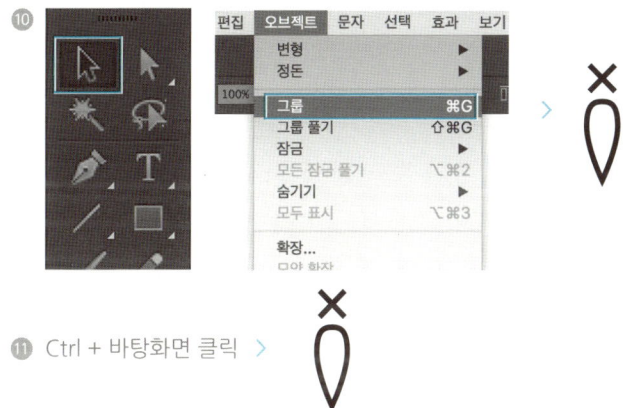

⑪ Ctrl + 바탕화면 클릭 >

STEP
24

 매직 고리

1. 도구 상자의 Stork 도구(X)를 ☐ 컬러 K100으로 지정 후,
윈도우 > 선 패널에서 두께 3pt를 입력한다.
2. 선분 도구(₩)에서 ／ 나선형 도구를 ◎ 선택한 후, 화면을 클릭한다.
3. 옵션 창에서 반경 8mm, 감소 80%, 선분 10, 스타일을 선택 후 확인을 누른다.

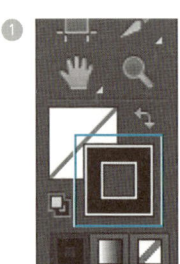
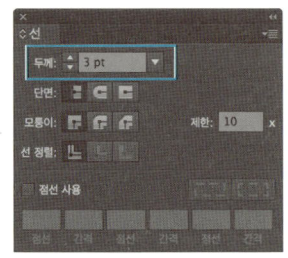

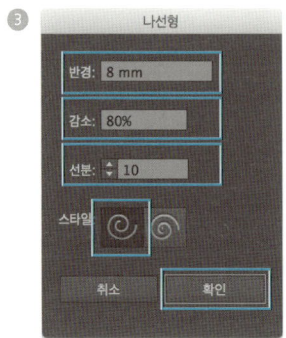

STEP
24-1

매직 고리

④ 선택 도구(V)로  ❸을 선택 후,
Shift를 누르고 바운딩 박스 조절 점을 90도 회전한다.
⑤ Ctrl + 바탕화면을 클릭하여 선택해지 한 후, '매직고리'를 완성한다.

④

⑤ Ctrl + 바탕화면 클릭

일러스트레이터 **기초강의**
기호와 패턴
IIIUSTRATOR BASIC LECTURE
Symbol and Pattern

저자 공다예 디자인 김미선 · 박채윤
1판 1쇄 2020년 6월 10일 발행인 김미선 발행처 다원T&S
Editorial Director 김태연
Printing 삼덕정판사

122-885
서울시 은평구 증산로 15길 67-7

대표전화 02-305-3561
팩시밀리 070-4151-0680
ISBN 979-11-90198-01-1

 ⓒ2020, DAWON T&S, Co.
이 책은 저작권법에 따라 보호받는 저작물이므로 무단 전재·복제를 금합니다.
잘못된 책은 구입하신 곳에서 교환해 드립니다.